LE POUVOIR
DES CHAKRAS

LE POUVOIR DES CHAKRAS

VICTOR ARCHULETA

ARTÉMIS
ÉDITIONS

Sommaire

AVERTISSEMENT

Les informations contenues dans ce livre sont uniquement destinées à des fins éducatives. Elles ne peuvent en aucun cas se substituer à l'avis d'un médecin. Consultez votre médecin avant de commencer tout traitement de médecine non conventionnelle. Renseignez-vous sur les contre-indications avant de consommer les plantes mentionnées dans ce livre.

Ouvrage publié pour la première fois aux États-Unis sous le titre *Sacred chakras, understand your chakras and how to harness their power.*

Chamalières, France
www.editions-artemis.com

Traduction de l'anglais : Christel Durantin
Direction éditoriale : Hélène Tellier
Coordination éditoriale : Marion Balbarie
PAO : Nathalie Lachaud, Francis Rossignol

ISBN : 978-2-8160-1740-3
N° d'éditeur : 8160
Dépôt légal : février 2021

Achevé d'imprimer : novembre 2020
Imprimé en Chine

MIXTE
Papier issu de sources responsables
FSC® C016973

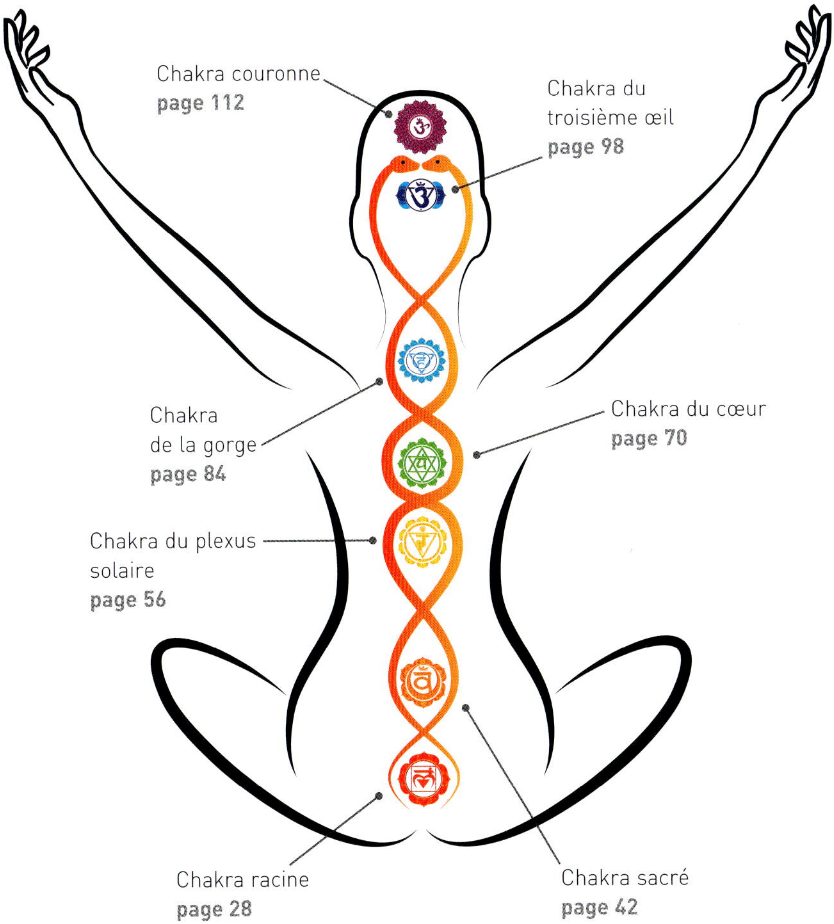
Chakra couronne
page 112
Chakra du troisième œil
page 98
Chakra de la gorge
page 84
Chakra du cœur
page 70
Chakra du plexus solaire
page 56
Chakra racine
page 28
Chakra sacré
page 42

Introduction

Les chakras sont les centres d'énergie du corps et la clé de la santé physique, de la stabilité émotionnelle et de la clarté mentale. Vous assurer que vos chakras sont parfaitement équilibrés vous ouvre de nouvelles dimensions d'apaisement et d'évolution.

Les systèmes du corps humain se connectent et fusionnent de différentes manières dans les sept centres d'énergie qui sont connus sous le nom de « chakras ». Ils sont situés dans la tête et le long de la colonne vertébrale. On admet communément l'existence de voies énergétiques en spirales qui partent du sommet de la tête, descendent le long de la colonne vertébrale jusqu'au sacrum et remontent jusqu'à la tête. Les chakras sont les sept points où se croisent les spirales d'énergie qui descendent et montent le long de cet axe.

Il existe de nombreux systèmes corporels et ésotériques qui interagissent avec la vitalité du système des chakras. Chacun des sept chakras correspond à une glande ou à une partie du corps et ils constituent des points d'intersection énergétiques spécifiques.

Ces centres d'énergie influencent le fonctionnement des glandes endocrines et des organes proches. Ensemble, ils constituent la colonne vertébrale du bien-être.

DE L'IMPORTANCE DE L'ÉQUILIBRE DES CHAKRAS

Chaque chakra peut se déséquilibrer et peut en conséquence déséquilibrer d'autres chakras. Un chakra trop actif doit être calmé et maîtrisé, tandis qu'un chakra pas assez actif doit être stimulé. Savoir faire cette distinction permet de sensibiliser le chakra pour le ramener à un état d'équilibre.

La méditation, le yoga, l'astrologie, les cristaux, la thérapie énergétique reiki et la nutrition consciente aident également à équilibrer les énergies des chakras. Avoir conscience des interdépendances existant entre ces systèmes d'apaisement et le système des chakras est utile. Cela vous aidera à développer une conscience de vos propres chakras et de la façon dont ils affectent votre bien-être.

« Il y a une vitalité, une force de vie, une énergie, un élan qui s'expriment en actions à travers vous. Et cette expression est unique, parce qu'il n'y aura jamais une personne identique à vous. Et si vous faites obstacle à cette expression, nul autre véhicule ne lui permettra d'exister, le monde en sera privé. »

MARTHA GRAHAM

À PROPOS
DES CHAKRAS

Les chakras et le corps

Les chakras régissent la santé physique, notamment le fonctionnement des principaux systèmes du corps, de certains organes et parties du corps, et des glandes endocrines.

Des processus internes interviennent dans votre corps pour maintenir des conditions optimales qui permettent aux réactions chimiques métaboliques de se dérouler. Des phénomènes homéostatiques agissent au niveau de la cellule, du tissu et de l'organe, ainsi qu'au niveau de l'organisme dans son ensemble.

Si vous connaissez bien votre propre corps, vous avez sans doute déjà conscience de vos déséquilibres physiques. Si c'est le cas, vous pouvez commencer à résoudre certains des problèmes causés par des blessures ou par le stress lié à votre vie quotidienne. Il vous suffit pour cela de connaître le chakra qui correspond au système physique, à l'organe ou à la partie du corps à équilibrer.

Chakra	Systèmes corporels*	Parties du corps/ organes	Glandes endocrines
Racine	Gastro-intestinal, reproductif, immunitaire	Côlon, anus, prostate, jambes, pieds	Les surrénales – régulent le métabolisme et le système immunitaire
Sacré	Gastro-intestinal, urinaire, reproductif	Zone pelvienne, reins, vessie, hanches, organes reproducteurs	Testicules/ovaires – régulent le développement sexuel et sécrètent des hormones sexuelles
Plexus solaire	Gastro-intestinal	Abdomen, lombaires, estomac, pancréas, rate, foie, vésicule biliaire, intestins	Pancréas – régule le métabolisme
Cœur	Respiratoire, circulatoire, immunitaire	Cavité thoracique, cœur, haut du dos, poitrine, poumons	Thymus – régule le système immunitaire
Gorge	Respiratoire, circulatoire, gastro-intestinal, immunitaire	Bouche, mâchoire, gorge, cordes vocales, cou, trachée, thyroïde, épaules, bras, mains	Thyroïde – régule la température corporelle et le métabolisme
Troisième œil	Voir ci-dessous	Yeux, oreilles, nez, sinus, hypothalamus, moelle épinière	Hypophyse – sécrète des hormones qui régissent le fonctionnement des cinq glandes précédentes ; voir aussi chakra couronne
Couronne	Voir ci-dessous	Cerveau, cortex cérébral, crâne	Pinéale – régule les cycles biologiques, y compris le sommeil ; parfois aussi lié au chakra du troisième œil
* Les systèmes nerveux, musculo-squelettique et endocrinien sont influencés par les sept chakras.			

Flux d'énergie ayurvédique et kundalini yoga

Les chakras sont représentés sous la forme de tourbillons ou de roues. Ils ont été étudiés par les médecines ayurvédique et chinoise anciennes. L'ayurveda est une médecine traditionnelle qui met l'accent sur la capacité de l'esprit à influencer la guérison holistique et la transformation du corps.

NOMS AYURVÉDIQUES

- Chakra racine : *Muladhara*
- Chakra sacré : *Svadhisthana*
- Chakra du plexus solaire : *Manipura*
- Chakra du cœur : *Anahata*
- Chakra de la gorge : *Vishuddha*
- Chakra du troisième œil : *Ajna*
- Chakra couronne : *Sahasrara*

Selon l'ayurveda, l'être humain est composé de trois courants d'énergie – connus sous le nom de prana, qi ou kundalini shakti. Ces courants se déplacent de haut en bas le long de la colonne vertébrale à travers les nadis (canaux énergétiques). Les trois nadis des écritures védiques sont nommés ida, pingala et sushumna.
Ida et pingala sont comme deux serpents enroulés autour d'un axe central, le sushumna. Ensemble, ils forment une sorte de caducée – par ailleurs emblème des professions médicales en Occident. Il est intéressant de noter que cette forme est aussi celle de la structure en double hélice de l'ADN moléculaire.

LES PRINCIPES AYURVÉDIQUES

Les nadis convoient le flux va-et-vient de l'énergie kundalini qui monte et descend le long de la colonne vertébrale. Ils se croisent au niveau des cinq premiers chakras. L'équilibre du flux énergétique des courants ida (féminin) et pingala (masculin) contribue à l'équilibre des six premiers chakras. Connaître la philosophie ayurvédique permet de comprendre le flux d'énergie entre les sept chakras. Et ainsi de saisir comment l'énergie de la kundalini est activée pour chaque chakra grâce à des poses de kundalini yoga et des postures de mains (mudra) lors de la méditation.

PINGALA

Canal en spirale associé à l'énergie du soleil. Il déplace les attributs masculins avec un effet réchauffant. Pingala est extraverti et correspond au côté gauche du cerveau et au système nerveux parasympathique.

IDA

Canal en spirale associé à l'énergie de la lune. Il déplace les attributs féminins avec un effet refroidissant. Ida est introverti et correspond au côté droit du cerveau et au système nerveux sympathique.

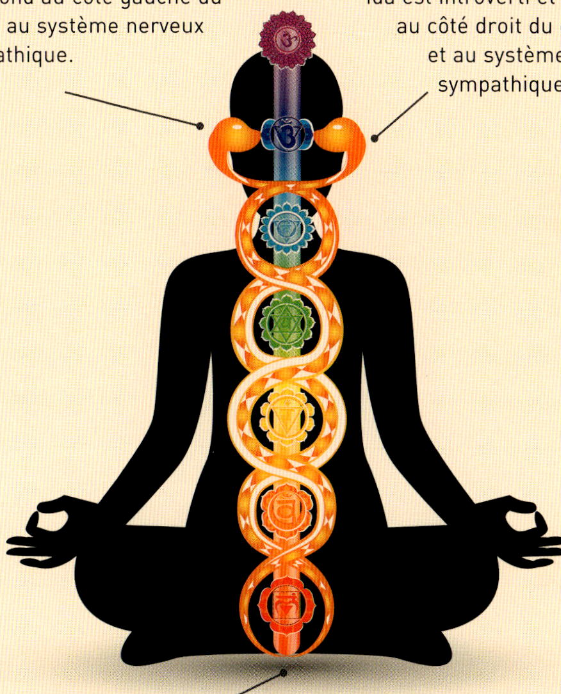

SUSHUMNA

Canal central qui court le long de la moelle épinière et est associé à l'équilibre, à la tranquillité et à la neutralité. L'énergie de la kundalini s'élève du chakra racine à travers cinq chakras jusqu'au chakra couronne via le sushumna. Il est stabilisateur et ancré, et correspond au système nerveux central.

TATTVAS (ÉLÉMENTS)

- Chakra racine : *terre*
- Chakra sacré : *eau*
- Chakra du plexus solaire : *feu*
- Chakra du cœur : *air*
- Chakra de la gorge : *éther*
- Chakra du troisième œil : *tous*
- Chakra couronne : *tous*

LE FLUX D'ÉNERGIE KUNDALINI

Le flux de l'énergie kundalini possède trois fonctions distinctes en anatomie yogique.
• Les chakras 1 à 3 (racine, sacré et plexus solaire) forment le triangle inférieur et concernent principalement les aspects physiques du corps et les fréquences énergétiques les plus basses.
• Les chakras 5 à 7 (gorge, troisième œil et couronne) forment le triangle supérieur et concernent principalement le spirituel et les fréquences énergétiques les plus hautes.
• Le chakra 4 (cœur) joue le rôle du point d'équilibre entre les triangles inférieur et supérieur et concerne principalement la connexion des énergies physiques et terrestres avec les énergies spirituelles et célestes.

LES CINQ TATTVAS

Les tattvas sont les éléments fondamentaux qui composent tout dans l'univers, nous y compris. Les cinq tattvas primordiaux sont les éléments de densité (terre), de mouvement (eau), de chaleur (feu), de flux (air) et de connexion spirituelle (éther). Chaque tattva est associé à un chakra.

KUNDALINI YOGA

La pratique du kundalini yoga procure une expérience physique grâce aux asanas (postures corporelles), aux mudras (positions et sceaux des mains) et aux mantras (psalmodies), ainsi qu'une expérience énergétique à travers les cinq tattvas (éléments).
Pratiqués ensemble, ces gestes facilitent l'éveil de l'énergie kundalini pour mener à une prise de conscience des chakras. Grâce à cette prise de conscience, nous avons la possibilité de savoir quels chakras sont actifs et équilibrés, lesquels sont bloqués ou déséquilibrés, et d'éveiller les énergies pour y remédier.

« Des hommes de grand savoir ont découvert en réalité comment fonctionnent les chakras, leurs pétales, leurs sons, leur infini, leurs relations, leurs pouvoirs. Ils ont découvert que la vie d'un homme est totalement fondée sur ces chakras. Ils ont développé une science à part entière. Cette science a donné naissance au kundalini yoga. Voilà comment est né le kundalini yoga. » YOGI BHAJAN

Méditation et mantras

La méditation est une pratique qui vous permet de vous ancrer et de vous sentir connecté à l'énergie vitale universelle. Elle peut prendre de nombreuses formes, allant de la simple concentration sur votre respiration à la récitation d'un mantra.

MANTRAS

- Chakra racine : *Lam*
- Chakra sacré : *Vam*
- Chakra du plexus solaire : *Ram*
- Chakra du cœur : *Yam*
- Chakra de la gorge : *Ham*
- Chakra du troisième œil : *Aum*
- Chakra couronne : *Om*

Un mantra est un mot (ou une phrase) qui influence l'esprit grâce à sa répétition ou l'attention constante qu'on lui porte. Il peut être prononcé à haute voix ou dit dans la tête. Il joue un rôle clé dans de nombreuses pratiques yogiques, notamment la méditation.
En focalisant votre énergie et votre attention vers l'intérieur grâce à la méditation, vous êtes en mesure d'atteindre la clarté et la conscience de vos pensées et de vos sentiments sans les distractions du monde extérieur. La clarté et la conscience vous fourniront l'introspection nécessaire pour équilibrer les chakras qui peuvent en avoir besoin.

ÉQUILIBRER LES TENSIONS

Si vous vous sentez énergétiquement faible ou léthargique, concentrez votre attention sur votre connexion avec le ciel.
Inversement, si vous ressentez une forte énergie ou de l'anxiété, focalisez-vous sur votre connexion avec le centre de la Terre. Cela vous aidera à équilibrer la tension de l'ancrage et du lien.

EXERCICE DE MÉDITATION

Il est recommandé de faire cet exercice avant de s'engager dans une démarche d'équilibrage des chakras. Soyez confiant dans le fait que le processus fonctionnera pour votre plus grand bien, et laissez la session se dérouler sans en attendre de résultat.

1 Mettez de l'intention. Par exemple :

« Je remplis l'espace d'une énergie lumineuse et dorée qui me calme et me nourrit. »

« Je souhaite que l'énergie vitale universelle apporte du soulagement et de la vitalité à son destinataire, là où elle est nécessaire. »

« Je laisse l'énergie vitale universelle se déplacer à travers moi jusqu'à son destinataire sans me soucier d'un résultat ou d'un dénouement particulier. »

2 Asseyez-vous bien droit sur une chaise confortable, les deux pieds à plat sur le sol. Placez vos mains en position de prière : les paumes et le bout de vos doigts sont appuyés les uns contre les autres et vos pouces s'appuient contre votre poitrine.

3 Fermez les yeux et appuyez doucement votre langue sur votre palais, juste derrière vos incisives.

4 Inspirez longuement, profondément et lentement pendant 8 secondes par le nez, en gonflant votre ventre en dessous du nombril. Puis expirez doucement par le nez pendant 8 secondes. Faites cela pendant trois cycles (48 secondes).

5 Répétez le cycle de respiration long et profond, mais cette fois-ci, retenez votre souffle pendant 5 secondes à la fin de chaque inspiration et pendant 5 secondes à la fin de chaque expiration. Faites cela pendant trois cycles (78 secondes). Ensuite, respirez calmement à votre rythme.

Astrologie et chakras

Lorsque les planètes se déplacent dans les signes du zodiaque astrologiques, des associations énergétiques se produisent dans les sept chakras du corps humain. Il existe plusieurs façons d'expliquer comment ces associations agissent. En voici une.

CHAKRA PUISSANT

- Capricorne : *racine*
- Verseau : *racine*
- Sagittaire : *sacré*
- Poissons : *sacré*
- Bélier : *plexus solaire*
- Scorpion : *plexus solaire*
- Balance : *cœur*
- Taureau : *cœur*
- Gémeaux : *gorge*
- Vierge : *gorge*
- Cancer : *troisième œil*
- Lion : *couronne*

Chaque chakra est associé à un signe astrologique particulier et à ses planètes dominantes. Les cinq premiers chakras sont associés chacun à deux signes du zodiaque, et les deux derniers chakras à un seul. Le signe astrologique au moment de votre naissance détermine quel est votre chakra le plus important. Ce chakra est nommé votre « chakra puissant », il représente les énergies qui vous viennent le plus naturellement. Il peut être considéré comme votre point fort.

CONSOLIDER VOTRE CHAKRA PUISSANT

Votre chakra puissant est votre chakra dominant et constitue votre principale source de pouvoir. La connaissance des différents aspects de votre signe zodiacal peut vous permettre de comprendre comment vous ou d'autres personnes avancent dans la vie. Ce savoir peut aussi fournir une explication aux influences astrologiques qui affectent spécifiquement votre corps énergétique.

Par exemple, si votre signe astrologique est Balance, votre souhait pour des amitiés et des relations profondes est soutenu par le chakra du cœur.

Les méditations et les mantras associés à chaque chakra peuvent être utilisés comme des outils pour consolider votre chakra puissant.

Alimentation, infusions et teintures-mères

La santé de nos chakras influence la santé de notre corps, qui est elle-même influencée par notre alimentation. Une bonne nutrition est fondamentale pour notre bien-être. Ce que nous ingérons a une incidence directe sur notre santé. L'air, l'eau et la nourriture sont nécessaires pour nous maintenir en vie. Parmi ces trois éléments, c'est la nourriture qui nous offre le plus grand choix et nous procure du carburant à différentes fréquences qui correspondent aux chakras.

INFUSIONS

Différentes parties de plantes sont utilisées pour préparer des décoctions (bouillies dans l'eau) ou des infusions (trempées dans de l'eau, de l'huile ou de l'alcool).

La nature nous offre des aliments de différentes couleurs et diverses origines (animale ou végétale). Les choix que nous faisons influencent les chakras et les systèmes corporels que nous souhaitons équilibrer. Connaître les aliments associés à chaque chakra est utile pour maintenir la santé et l'équilibre.

UNE ALIMENTATION SAINE

Si vous souhaitez avoir un mode de vie sain, efforcez-vous de vous nourrir d'aliments entiers, frais, non transformés et produits localement. Pour simplifier vos achats, cherchez à suivre la règle des 80/20 : essayez de manger des aliments sains 80 % du temps et faites-vous plaisir le reste du temps.

Ayez des attentes raisonnables en matière d'alimentation saine. Essayez de choisir des aliments frais, locaux, crus et biologiques. Les aliments transformés, cultivés de manière industrielle, trop cuits, génétiquement modifiés, bourrés d'antibiotiques et de pesticides créent des problèmes inutiles pour l'organisme (et la Terre).

PLANTES ET HERBES MÉDICINALES

En plus de leur couleur, les différentes parties d'une plante peuvent fournir de l'énergie profitable aux chakras. Les racines, les écorces, les tiges, les feuilles, les fleurs et les graines procurent une nutrition qui les affecte différemment. Depuis des milliers d'années, les peuples indigènes du monde entier utilisent des plantes et des herbes médicinales pour soulager des maux. Lorsqu'elles sont transformées en infusions ou en décoctions, elles nous aident à nous connecter avec la nature et à maintenir un esprit, un corps et une âme en bonne santé.

INFUSIONS ET TEINTURES-MÈRES

Les préparations à base de plantes (notamment les infusions et les teintures-mères) peuvent aider à détoxifier le corps et à accélérer son rétablissement. Elles peuvent être stimulantes ou calmantes, énergisantes ou relaxantes, réconfortantes ou rafraîchissantes pour le corps. Utilisées correctement, ces préparations à base de plantes peuvent contribuer à abaisser la pression artérielle, la glycémie et le cholestérol et à réduire les inflammations. La médecine naturelle par les plantes peut également aider à équilibrer le flux d'énergie de la kundalini et à soulever les blocages physiques, neurologiques, circulatoires ou énergétiques afin d'obtenir un flux d'énergie optimal.

TEINTURES-MÈRES

Les teintures-mères sont généralement des préparations à base d'alcool composées d'une ou plusieurs plantes. Elles concentrent ainsi leurs propriétés bénéfiques. Les teintures-mères spagiriques sont fabriquées selon des procédés alchimiques traditionnels.

Thérapie énergétique subtile du reiki et huiles essentielles

Le reiki est une méthode de soins développée au Japon au début du XXe siècle par Mikao Usui. Usui a inventé le terme « reiki » pour décrire le concept d'énergie vitale universelle.

AVERTISSEMENT

Les huiles essentielles doivent toujours être diluées dans un support huileux (huiles de coco ou de pépins de raisin) avant d'être utilisées. Évitez tout contact avec les muqueuses.

Aujourd'hui, il existe différentes manières de pratiquer le reiki. Le reiki Usui permet à celui qui le pratique d'entrer en contact avec l'énergie reiki simplement en imposant les mains, en autotraitement et en traitement sur autrui. En variant la position des mains sur des zones spécifiques du corps, nous pouvons diriger l'énergie vitale universelle à travers la paume vers les centres d'énergie pour faciliter l'équilibre du système des chakras.

LES HUILES ESSENTIELLES

Les huiles essentielles sont des huiles très concentrées contenant des composés volatils. Elles sont distillées à partir de parties de plantes et d'herbes médicinales. L'extraction d'une huile essentielle procure deux produits : de l'eau distillée chargée de molécules aromatiques appelée « hydrolat », et de l'huile essentielle. Les huiles essentielles et les hydrolats sont utilisés en parallèle du reiki pour équilibrer ou activer les chakras. Ils peuvent être appliqués sur la plante des pieds et la nuque, ou à la pointe de l'un des sept chakras.

Cristaux, couleurs et thérapie par les sons

Chaque chakra est associé à plusieurs cristaux ainsi qu'à une couleur et à un son spécifique. Les pierres sont depuis longtemps utilisées pour améliorer le bien-être. L'usage de couleurs et de sons est également bénéfique lors d'une séance d'équilibrage des cristaux.

Les bols chantants sont une sorte de cloche renversée, dont le bord vibre pour produire un son lorsqu'on le fait résonner avec un maillet. Ils peuvent constituer une aide à la méditation, comme les cristaux.

Vous pouvez placer les cristaux sur votre corps, les porter comme des bijoux ou les transporter sur vous pour recevoir les bienfaits de leurs fréquences énergétiques particulières. Il est également possible de les placer sur des zones spécifiques de votre corps ou de les tenir dans votre main quand vous fixez des intentions, que vous méditez et récitez des affirmations positives et des mantras pour chaque chakra.

LE CHOIX DES CRISTAUX

Le plus simple est de choisir des cristaux de la couleur du chakra que vous souhaitez équilibrer. Toutefois, des cristaux ayant des propriétés spécifiques fonctionnent aussi avec certains chakras même si leurs couleurs ne correspondent pas. Leur efficacité est fortement influencée par vos connaissances et vos intentions.

LES COULEURS ET LES SONS

Il existe de nombreux morceaux de musique et vidéos sur Internet qui aident à équilibrer les chakras. Ils mettent en avant le son et la couleur associés à chaque chakra. Ils peuvent être utiles pour stimuler les sens grâce aux fréquences et aux vibrations qui facilitent la focalisation de l'attention et de l'intention pour équilibrer chaque chakra.

Chakra	Cristal	Couleur	Note de musique
Racine	Grenat	Rouge	Do
Sacré	Cornaline	Orange	Ré
Plexus solaire	Citrine	Jaune	Mi
Cœur	Quartz rose	Vert	Fa
Gorge	Aigue-marine	Bleu clair	Sol
Troisième œil	Améthyste	Indigo	La
Couronne	Quartz incolore	Violet	Si

NOTE : Les malas (collier de prières) de chaque chakra sont souvent fabriqués avec les cristaux cités ci-dessus. Les malas peuvent être employés lors de la méditation focalisée sur un chakra. Ils contiennent en général 108 perles, qui vous aident à compter le nombre de fois que vous répétez un mantra ou un exercice de respiration. D'autres cristaux sont répertoriés pour chaque chakra dans le guide des pages suivantes.

GUIDE DES CHAKRAS

Chakra racine

Le chakra racine, ou *muladhara*, est le premier des sept chakras et est le premier des trois chakras physiques. Il est à la base du système des chakras. Il régit vos sentiments de sécurité, de survie et de stabilité.

CHAKRA RACINE

Le chakra racine est situé près du périnée, à la base de la colonne vertébrale, entre les organes génitaux et l'anus.

Le chakra racine est le premier chakra qui se développe dans l'utérus et dans la première année de vie. Il gouverne votre volonté de survivre dans le monde matériel. Ce centre d'énergie conditionne votre instinct de lutte ou de fuite. Vous êtes enraciné et ainsi vous savez quand il faut courir et quand il faut combattre. Quand ce chakra est bien développé, vous vous sentez en sécurité, couvé et connecté à vous-même, à votre famille et à votre communauté.

Le chakra racine représente la sécurité et la connexion et vous relie au monde physique par le premier des cinq tattvas (éléments) ayurvédiques, la terre. La couleur énergétique de ce chakra est le rouge et il est symbolisé par le lotus à quatre pétales.

ÉQUILIBRE/DÉSÉQUILIBRE

Si votre premier chakra est équilibré, vous vous sentez stable et avez un désir de vivre basé sur des sentiments de courage et de sécurité.

Des déséquilibres dans le premier chakra peuvent vous donner une sensation de vide, d'étourdissement et même de vertige. Ces déséquilibres peuvent être liés à la situation actuelle ou à un traumatisme passé (négligence parentale, mauvais traitements ou même naissance difficile). Il peut en résulter des problèmes chroniques des hanches jusqu'aux pieds. Comme vous n'êtes pas ancré dans le monde physique, il se peut que vous soyez envahi de sentiments de danger imminent et d'incertitude.

Si le chakra racine est trop actif, vous pouvez éprouver un sentiment d'anxiété ou de paranoïa. Vous vous inquiétez inutilement et êtes en proie au pessimisme. Vous avez par exemple peur de perdre votre emploi, votre maison ou votre couple. Le monde qui vous entoure vous paraît chaotique et ingérable. En raison de cette crainte de la perte, il est possible que vous compensiez en étant cupide, arrogant, colérique et moralisateur. Vous résumez la vie à un jeu entre gagnants et perdants.

Si le chakra racine est sous-actif, vous pouvez vous sentir impuissant et déconnecté du monde. Vous ne parvenez pas à faire confiance à ceux qui vous entourent. Vous vous victimisez, votre monde se résumant à une opposition entre « nous » et « eux ». Vous pouvez même avoir peur du noir ou d'être seul, sans raison objective. Vous êtes méfiant et avez une faible estime de vous-même. Vous vous sentez désespéré et déprimé. Il peut même vous venir des idées suicidaires, car vous ne voyez aucune issue à des situations qui vous paraissent vous avoir été imposées.

Chakra racine
Le corps

PARTIES DU CORPS

- Coccyx
- Organes génitaux masculins
- Jambes
- Pieds

GLANDES ENDOCRINES

Surrénales – régulent le métabolisme et le système immunitaire.

Les principaux systèmes corporels associés au chakra racine sont :
- **Système musculo-squelettique :** muscles du coccyx et du périnée ; os du coccyx et du sacrum
- **Système nerveux :** plexus coccygien, moelle épinière, système nerveux périphérique, système nerveux autonome
- **Système endocrinien :** glandes surrénales, gonades
- **Système gastro-intestinal :** rectum, anus
- **Système reproductif :** organes génitaux
- **Système immunitaire :** glandes surrénales

Le chakra racine est le chakra de la fondation et est situé au siège du corps. Il est la base du système des chakras. C'est le plus dense d'entre eux et il soutient l'infrastructure physique du corps (système musculo-squelettique), tout en fournissant un ancrage au système électrique (nerveux) ainsi qu'à l'infrastructure chimique (système endocrinien).

La biomécanique du corps dépend d'un bon alignement du système musculo-squelettique. Physiquement, le bassin supporte le poids de tout le haut du corps et fournit les points de pivot pour les fémurs qui le portent, marchent et courent. Un bassin bien équilibré permet aux hanches, aux genoux, aux chevilles, aux pieds et aux orteils de rester bien droits pour une biomécanique optimale. Si l'une de ces articulations est mal alignée, alors toutes les autres articulations, la colonne vertébrale, la tête et les épaules seront également mal alignées.

Le maintien de l'équilibre du chakra racine contribue à la santé physique de la ceinture pelvienne inférieure, des jambes et des pieds et nous permet de nous déplacer dans notre monde. Garder le chakra racine stimulé et ouvert préserve la santé des organes d'élimination et reproducteurs et des systèmes corporels associés.

LES GLANDES SURRÉNALES ET LE CHAKRA RACINE

Un chakra racine équilibré permet aux glandes surrénales de réguler le métabolisme général et le système immunitaire. Des glandes surrénales en bonne santé sont à la base de l'instinct de lutte ou de fuite. La régulation des hormones sécrétées par les glandes surrénales garantit la bonne exécution de la séquence d'événements qui prépare le corps à la lutte ou à la fuite face à une situation dangereuse. Si nous maintenons ces parties de notre corps en bon état de fonctionnement, nous pouvons conserver notre autonomie jusqu'à un âge avancé.

Chakra racine
Ayurveda/Kundalini

POSTURE DU CORBEAU

Étape 1

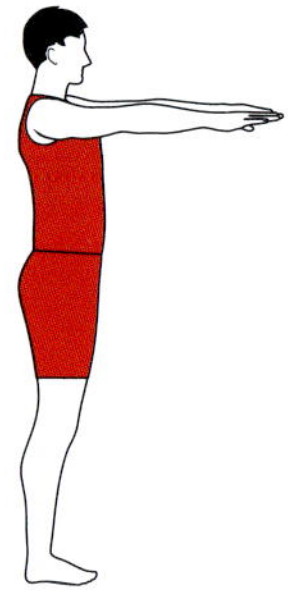

Étape 2

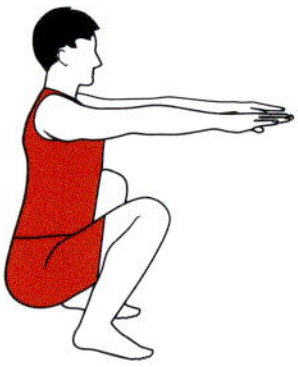

Le chakra racine est le premier centre d'énergie physique du triangle inférieur du flux énergétique de la kundalini. Il relie la survie du corps physique aux besoins et aux désirs du monde physique. Ce chakra est associé au premier tattva (élément) ayurvédique, la terre. C'est au niveau de ce chakra que les nadis (canaux d'énergie) ayurvédiques se croisent. Le renforcement des structures physiques autour du chakra racine fournit une base pour soutenir les chakras sacré et du plexus solaire (deuxième et troisième chakras physiques). La pratique de ces postures de kundalini yoga fortifiera le chakra racine. L'utilisation du mudra (position des mains) pendant la méditation vous aidera à vous recentrer et à l'équilibrer.

POSTURE DU CORBEAU

Répétez la séquence entière trois fois, en pratiquant 30 secondes de respiration longue et profonde entre chaque séquence.

1. Mettez-vous debout, les pieds écartés (de la largeur des épaules). Tendez les bras devant vous à la hauteur des épaules, les paumes des mains tournées vers le bas.
2. Accroupissez-vous autant que possible, en gardant le dos droit et les pieds à plat sur le sol.
3. Respirez longuement et profondément. Inspirez lentement par le nez pendant 5 secondes, puis expirez lentement par le nez pendant 5 secondes.
4. Répétez l'inspiration/expiration 5 fois, puis revenez à la position debout.

POSTURE DE L'ENFANT

Répétez la séquence entière dix fois. Après chaque inspiration/expiration, laissez la terre soutenir votre poids.

1. Agenouillez-vous sur le tapis, les genoux écartés de la largeur des hanches et le dessus des pieds à plat sur le tapis. Vos gros orteils doivent presque se toucher.
2. Asseyez-vous sur vos talons. Penchez-vous en avant et posez confortablement votre front sur le tapis. Placez vos bras le long de votre corps, les paumes des mains tournées vers le haut.
3. Respirez longuement et profondément. Inspirez lentement par le nez pendant 5 secondes, puis expirez lentement par le nez pendant 5 secondes.
4. Vous devez sentir un étirement le long de votre colonne vertébrale et au niveau des fessiers quand vous relâchez totalement votre périnée.

POSTURE DE L'ENFANT

Étape 2

GYAN MUDRA

Formez le mudra et pratiquez la méditation pendant au moins 2 à 3 minutes (au maximum pendant 10 minutes).

1. Asseyez-vous les jambes croisées, la colonne vertébrale bien droite. Posez le dos de vos mains sur vos genoux. Formez un cercle en collant les bouts de vos index et de vos pouces. Concentrez votre attention sur votre périnée.
2. En tenant le gyan mudra, concentrez-vous sur votre respiration et faites des exercices de Kegel : contractez les muscles du périnée en expirant pendant 5 secondes, puis relâchez les muscles en inspirant pendant 5 secondes.

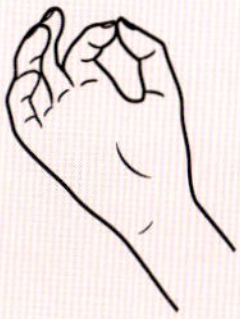

GYAN MUDRA

Vous pouvez réciter le mantra du chakra racine ou l'affirmation (voir page 34) tout en tenant le mudra.

Chakra racine
Méditation et mantras

ASTROLOGIE

♑

CAPRICORNE

Un chakra racine équilibré renforce la confiance, la responsabilité et la discipline innées du Capricorne.

♒

VERSEAU

Un chakra racine équilibré renforce la nature amicale et sociale du Verseau.

Pratiquer la méditation et réciter les mantras sur le chakra racine peut être apaisant. En concentrant votre attention sur votre connexion à la terre, vous stabilisez vos pensées et calmez votre système nerveux. Comme vous vous sentez alors en sécurité, vous créez une base solide pour équilibrer vos autres chakras.

Pendant que vous méditez, vous pouvez réciter des affirmations à voix haute et vous concentrer sur votre respiration. Il est aussi possible de répéter un mantra dans votre tête pendant quelques minutes tout en pratiquant la méditation.

Respirez longuement et profondément et commencez à visualiser l'énergie de rééquilibrage des chakras qui tourne à la base de votre colonne vertébrale. Grâce à l'œil de votre esprit, « regardez » la couleur rouge qui tournoie entre vos organes génitaux et votre anus. C'est votre connexion avec le monde physique. Votre confiance et votre sécurité reposent ici. Laissez cette énergie vous ancrer et vous recentrer. Vous éprouvez un sentiment de paix et de plénitude.

MANTRA : LAM

Lam est un mantra de purification. Méditer en psalmodiant « lam » nettoie le chakra racine des blocages énergétiques qui peuvent restreindre le flux d'énergie vers les chakras supérieurs. Ce mantra vous permet également de vous ouvrir au sentiment de connexion et de dignité.

AFFIRMATION

« Mon chakra racine est mon premier centre d'énergie et il m'ancre énergétiquement à la terre.
Il est la source de ma connexion avec le monde physique.
Ma confiance et ma sécurité reposent ici. »

Chakra racine
Alimentation

TEINTURES-MÈRES

La teinture-mère de racines de pissenlit renforce le chakra racine et peut vous aider à rester stable et ancré en période de bouleversements.

Le chakra racine est nourri par des aliments qui favorisent l'ancrage et la connexion avec la terre. Il s'agit principalement des aliments de couleur rouge, des légumes-racines et des aliments riches en protéines et en minéraux qui sont essentiels à notre survie. La consommation d'aliments qui soutiennent le chakra racine facilite l'ancrage et l'équilibre, de sorte que les nutriments sont bien absorbés et les déchets et toxines sont efficacement éliminés.

Voici quelques aliments qui favorisent la santé et la vitalité du chakra racine :

Légumes : carottes, pommes de terre, panais, radis, betteraves, oignons, navets, patates douces

Protéines : œufs, viande rouge, haricots, lentilles, tofu, quinoa, soja, beurre de cacahuètes, d'amandes ou de noix de cajou

Céréales : sarrasin, boulgour, avoine complète

Fruits : pommes rouges, pastèques, grenades, baies

Condiments/épices : ail, gingembre, ciboulette, raifort, paprika, poivre de Cayenne, poivre, piment

INFUSIONS

Faites votre choix parmi ces plantes qui équilibrent le chakra racine. Faites-les infuser avec l'intention sacrée d'être physiquement connecté à la terre. Ces infusions ancrent, calment, et procurent un sentiment général de bien-être.

- Pissenlit
- Fleur de sureau
- Romarin
- Rooibos
- Hibiscus (à gauche)
- Gingembre
- Sauge

Chakra racine
Reiki

Étape 1

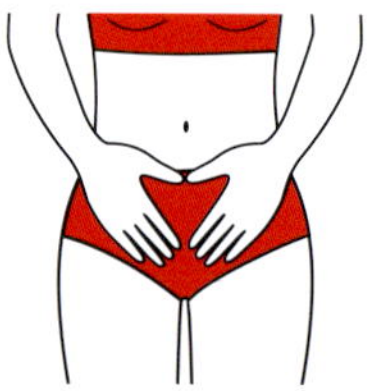

Étape 2

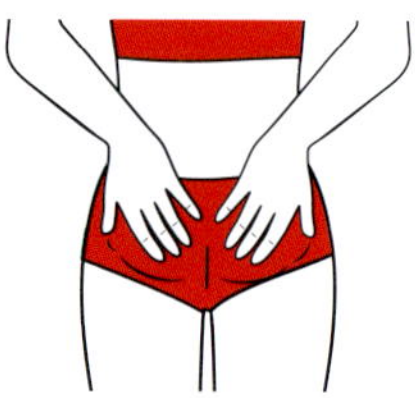

L'énergie subtile du reiki peut équilibrer le chakra racine. Le simple fait de reconnaître la vulnérabilité de ce chakra et d'envoyer une énergie calme et paisible contribue aux sentiments de sécurité et de bien-être.
Pratiquez la méditation du chakra racine (voir page 34) et visualisez le flux de l'énergie vitale universelle du reiki en appliquant les positions des mains ci-dessous. Vous pouvez pratiquer le reiki assis bien droit sur une chaise, les pieds à plat sur le sol.

1 Fermez les yeux et formez une coupe avec vos mains. Les paumes des mains tournées vers vous et le bout des doigts pointant vers le bas et vers l'intérieur, placez vos mains en bas de votre abdomen. Appuyez doucement la base de vos paumes sur vos hanches.

2 Fermez les yeux et formez une coupe avec vos mains. Les paumes des mains tournées vers vous et le bout des doigts pointant vers le bas et vers l'intérieur, placez vos mains derrière vous, sur le haut de vos fesses. Appuyez doucement vos auriculaires sur votre sacrum.

Pratiquez chaque position des mains et la méditation pendant 2 à 3 minutes. Commencez par respirer longuement et profondément en visualisant l'énergie vitale universelle reiki qui s'écoule des paumes de vos mains vers votre abdomen.
Visualisez la couleur rouge qui tourne entre vos organes génitaux et votre anus. C'est votre connexion avec le monde physique. Votre confiance et votre sécurité reposent ici.
Laissez cette énergie vous ancrer et vous recentrer, en vous ouvrant aux sentiments de paix et de plénitude.

HUILES ESSENTIELLES

Ces huiles essentielles ont un parfum « vert » ou terreux qui vous aidera à consolider votre chakra racine. Mélangez 1 à 2 gouttes d'une ou plusieurs de ces huiles essentielles avec 5 à 6 gouttes d'huile de coco. Frottez la plante des pieds, la nuque, ou la zone correspondant au chakra avec ce mélange.

- Vétiver
- Marjolaine
- Myrrhe
- Clou de girofle (à gauche)

Chakra racine
Cristaux

CHROMOTHÉRAPIE

ROUGE

La fréquence de la couleur rouge est en harmonie avec la résonnance du chakra racine. Que vous regardiez un objet rouge ou une lumière rouge, votre chakra racine sera affecté. Le rouge représente la prudence ou vous avertit d'une menace.

La fréquence et la résonance des cristaux du chakra racine peuvent vous aider à vous ancrer à la terre physique. Ils lui fournissent aussi la stabilité et la connexion nécessaires pour soutenir les six autres chakras. La résonance énergétique du do (note de musique) et la couleur rouge améliorent les fréquences des cristaux du chakra racine. Il peut être influencé par les fréquences vibratoires des cristaux suivants :

- Grenat
- Rubis
- Jaspe rouge
- Agate de feu
- Shungite
- Œil de tigre
- Hématite
- Tourmaline noire
- Obsidienne
- Onyx

Faites votre choix parmi ces cristaux pour équilibrer le chakra racine. Tenez simplement les cristaux dans votre main gauche. Pratiquez la méditation du chakra racine (voir page 34) pendant 3 à 5 minutes pour envoyer l'énergie du cristal jusqu'au chakra. Pendant vos méditations, visualisez la couleur rouge et écoutez de la musique enregistrée ou des vidéos qui favorisent l'équilibre.

THÉRAPIE PAR LE SON

DO

Des bols en cristal, des bols chantants, des diapasons et des gongs accordés en do peuvent être utilisés en même temps que les cristaux pour équilibrer le chakra racine. Le do contribue à créer un sentiment de sécurité et d'ancrage avec la terre.

CI-DESSUS (DE HAUT EN BAS) : Le jaspe rouge, l'œil de tigre et l'onyx noir sont des cristaux associés à l'apaisement et au déblocage du chakra racine. Pour déterminer ceux qui vous conviennent le mieux, essayez-en plusieurs et suivez votre intuition.

Chakra sacré

Le chakra sacré ou *svadhisthana* est le deuxième des sept chakras et le deuxième chakra physique. Il est le siège de la créativité dans votre système de chakras. Il régit vos sentiments de plaisir, d'amour physique et de sexualité.

CHAKRA SACRÉ

Le chakra sacré est situé juste en dessous du nombril, au centre du bassin, devant le sacrum.

Le chakra sacré est le lieu où l'énergie créative circule pour créer et maintenir des relations physiques saines par le toucher physique. Ce centre d'énergie stimule votre volonté de créer et votre capacité à accompagner les changements du monde qui vous entoure. Lorsqu'il est correctement développé, vous suivez le cours de la vie et accédez facilement à une abondance matérielle et aux sentiments de plaisir et de joie.

Le chakra sacré représente la nature fluide et continue de la vie et vous relie au monde physique par le deuxième des cinq tattvas (éléments) ayurvédiques, l'eau. Ce chakra a une couleur énergétique orange et est symbolisé par le lotus à six pétales.

ÉQUILIBRE/DÉSÉQUILIBRE

Si votre deuxième chakra est équilibré, vous vous sentez créatif et vous êtes capable d'exprimer librement votre sexualité.

Des déséquilibres dans le second chakra peuvent créer un sentiment de culpabilité ou de honte, en particulier dans le domaine de la sexualité. Des abus sexuels ou des traumatismes passés peuvent entraîner une colère intériorisée qui bloque vos sentiments et vos émotions. Votre relation aux autres devient instable et déséquilibrée, et vous ne vous autorisez pas l'abondance et le succès. L'auto-sabotage et l'autocritique peuvent vous empêcher d'avancer dans la vie et vous venez à vous en vouloir pour cela.

Si le chakra sacré est trop actif, vous pouvez souffrir de pulsion et d'addiction sexuelles. Soit vos relations sont entachées de jalousie et de possessivité, soit vous passez d'une relation physique à une autre en négligeant les liens émotionnels. Vous recherchez toujours davantage de plaisir physique pour surmonter vos sentiments de culpabilité et de frustration.

Si le chakra sacré n'est pas assez actif, vous pouvez vous sentir renfermé et crispé, voire frigide, dans vos relations sexuelles. Des problèmes d'impuissance ou d'infertilité surviennent parfois, ainsi que des maladies physiques au niveau du bassin. La dépression et la honte intériorisées perturbent vos relations sexuelles. Cet engourdissement et cette incapacité à ressentir du bonheur et de la joie peuvent être la conséquence d'abus sexuels ou de traumatismes.

Chakra sacré
Le corps

PARTIES DU CORPS

- Bas-ventre
- Pelvis
- Gros intestin
- Organes reproducteurs féminins

GLANDES ENDOCRINES

Testicules/ovaires – régulent le développement sexuel et sécrètent des hormones sexuelles.

Les principaux systèmes corporels associés au chakra sacré sont :

- **Système nerveux :** plexus lombaire, moelle épinière, système nerveux périphérique, système nerveux autonome
- **Système musculo-squelettique :** muscles abdominaux inférieurs et obliques, fléchisseurs des hanches, sacrum, colonne lombaire inférieure
- **Système endocrinien :** gonades
- **Système gastro-intestinal :** côlon sigmoïde, rectum
- **Système urinaire :** reins, uretères, vessie, urètre
- **Système reproducteur :** ovaires, trompes de Fallope, utérus, vagin, testicules, prostate, pénis

Le chakra sacré est situé dans le bas-ventre et repose sur la fondation du chakra racine. Ce chakra vibre à une fréquence plus élevée que le chakra racine. Il génère le mouvement fluide d'énergie qui favorise l'élimination et la procréation. Les organes reproducteurs, la ceinture pelvienne et les organes d'élimination sont maintenus énergétiquement par le chakra sacré.

Il innerve les tissus et les organes du bassin, y compris les organes reproducteurs masculins et féminins. La fonction physique principale du chakra sacré est le mouvement et la sensation. Un chakra sacré bien équilibré assure une excrétion correcte par la vessie, le côlon sigmoïde et le rectum. Le bon fonctionnement des testicules et des ovaires est nécessaire pour créer des spermatozoïdes et des ovules et pour maintenir l'équilibre hormonal et les caractéristiques sexuelles secondaires. Le système reproducteur consiste en un mouvement complexe des spermatozoïdes et des ovules depuis leur point de production dans les testicules et les ovaires jusqu'au point de fécondation près des trompes de Fallope.

Préserver l'équilibre du chakra sacré fournit le flux

nécessaire au processus de procréation. Un chakra sacré stimulé et actif contribue à maintenir en bonne santé les organes d'élimination et reproducteurs et les systèmes corporels qui leur sont associés.

TESTICULES/OVAIRES (GONADES) ET LE CHAKRA SACRÉ

Un chakra sacré équilibré aide les gonades à réguler les hormones sexuelles primaires, la testostérone et l'œstrogène, qui sont créés respectivement par les testicules et les ovaires. La régulation des hormones sexuelles sécrétées par les organes reproducteurs garantit que la séquence complexe d'événements que le corps subit avant et pendant l'acte sexuel peut se dérouler avec efficacité et en ressentant du plaisir. Si nous préservons nos organes reproducteurs en bonne santé, nous pouvons prétendre à une vie sexuelle saine et normale jusqu'à un âge avancé.

Chakra sacré
Ayurveda/Kundalini

POSTURE DE LA GRENOUILLE

Étape 1

Étape 2

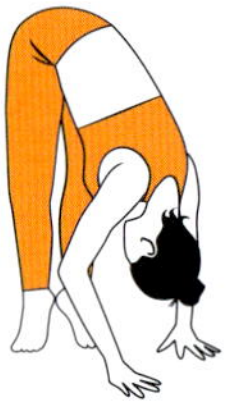

Le chakra sacré est le deuxième centre d'énergie physique du triangle inférieur du flux énergétique de la kundalini. Il connecte la reproduction du corps physique à la survie de l'espèce. Ce chakra est associé au deuxième tattva ayurvédique, l'eau. C'est à son niveau que les nadis ayurvédiques se croisent, sous le nombril. Le renforcement du bassin et des organes reproducteurs autour du chakra sacré fournit un réceptacle fluide pour le mouvement et la créativité. La pratique de ces postures de kundalini yoga fortifie le chakra sacré. Former le mudra pendant la méditation aide à ouvrir le flux d'énergie et à l'équilibrer.

POSTURE DE LA GRENOUILLE

Répétez la séquence deux fois, en pratiquant 1 minute de respiration longue et profonde entre chaque séquence.

1. Accroupissez-vous, en équilibre sur vos orteils, les genoux écartés et les talons rapprochés et décollés du sol. Gardez la tête haute et placez le bout de vos doigts sur le sol devant vous, entre vos genoux.
2. Gardez le bout de vos doigts sur le sol et inspirez lentement par le nez en dépliant vos genoux et en baissant la tête devant vous. Dépliez vos genoux autant que possible, en gardant les talons décollés du sol et la tête aussi proche que possible de vos genoux.
3. Expirez par le nez en vous accroupissant et en relevant la tête.
4. Répétez l'exercice sept fois, puis revenez à la posture initiale.

POSTURE DE LA MEULE SOUFIE

Répétez la séquence deux fois. Entre chaque séquence, asseyez-vous bien droit et respirez longuement et profondément pendant 1 minute.

1 Asseyez-vous les jambes croisées, la colonne vertébrale droite et tenez vos genoux avec vos mains.
2 Commencez à faire tourner votre colonne vertébrale dans le sens des aiguilles d'une montre.
3 Continuez cette rotation pendant 2 à 3 minutes en gardant la tête aussi immobile que possible.
4 Répétez cette posture dans le sens inverse des aiguilles d'une montre pendant 2 à 3 minutes.

POSTURE DE LA MEULE SOUFIE

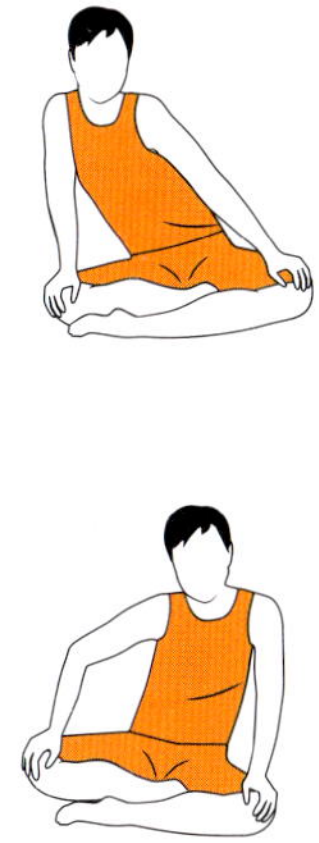

DHYANI MUDRA

Formez le mudra et pratiquez la méditation pendant au moins 2 à 3 minutes (au maximum 10 minutes).

1 Asseyez-vous les jambes croisées, la colonne vertébrale bien droite. La paume des mains tournée vers le haut et le bout des doigts pointant les uns vers les autres, placez votre main gauche sous votre main droite. Le bout des pouces doit se toucher.
2 Formez le mudra juste en dessous de votre nombril. Concentrez-vous sur votre respiration. Inspirez lentement pendant 5 secondes, retenez votre souffle 5 secondes, puis expirez pendant 5 secondes, en gardant votre ventre détendu. Laissez votre diaphragme faire le travail, n'utilisez pas vos muscles abdominaux. Répétez cela dix fois.

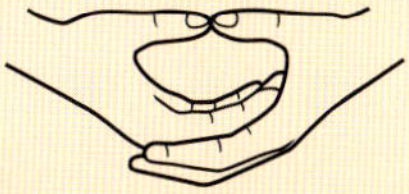

DHYANI MUDRA

Vous pouvez réciter le mantra du chakra sacré ou l'affirmation (voir page 48) tout en formant le mudra.

Chakra sacré
Méditation et mantras

ASTROLOGIE

♐

SAGITTAIRE

Un chakra sacré équilibré renforce l'élan du Sagittaire dans sa quête d'aventure.

♊

POISSON

Un chakra sacré équilibré nourrit le comportement « au fil de l'eau » du Poisson.

L'utilisation de la méditation et des mantras sur le chakra sacré est agréable et gratifiante. En concentrant votre attention sur votre capacité à ressentir l'énergie en mouvement et l'intimité physique, vous vous sentirez bien et vous aurez une meilleure estime de vous. Lorsque vous ressentez le flux de la créativité et que vous reconnaissez le caractère sacré de votre sexualité, vos autres chakras s'ouvrent également.

Pendant que vous méditez, vous pouvez réciter des affirmations à voix haute et vous focaliser sur votre respiration. Il vous est aussi possible de répéter un mantra dans votre tête pendant quelques minutes tout en méditant calmement.

Commencez par respirer longuement et profondément puis visualisez l'énergie de rééquilibrage des chakras qui tourne au milieu de votre bassin. Grâce à l'œil de votre esprit, « regardez » la couleur orange tournoyer juste en dessous de votre nombril. C'est la source de votre créativité et de votre inspiration. C'est là que naissent le désir sexuel et la passion. Laissez cette énergie circuler librement dans la joie et le respect de votre don pour la création.

MANTRA : VAM

Vam est un mantra guérisseur. Méditer en psalmodiant « vam » permet de rétablir le chakra sacré physiquement, émotionnellement et spirituellement. Il facilite également la souplesse, qui permet à l'énergie de rester en mouvement.

AFFIRMATION

« Mon chakra sacré est mon deuxième centre d'énergie et il est ouvert pour stimuler mes émotions.
C'est la source de ma créativité et de mon inspiration.
C'est là que naissent mon désir sexuel et ma passion. »

Chakra sacré
Alimentation

TEINTURES-MÈRES

La teinture-mère de calendula renforce le chakra sacré et peut stimuler votre créativité et votre bonne humeur.

Le chakra sacré est nourri par des aliments qui favorisent la sensualité, le mouvement, l'équilibre et le plaisir. Il est équilibré grâce à des aliments de couleur orangée, des fruits, des noix, du poisson et du poulet. Ces aliments font bouger vos fluides créatifs. La consommation d'aliments qui renforcent le chakra sacré facilite le flux des émotions et le désir de créer et de s'amuser.

Voici quelques aliments qui peuvent améliorent la santé et la vitalité du chakra sacré :

Protéines : poisson, poulet

Fruits : melons, mangues, fraises, fruits de la passion, oranges, noix de coco

Épices : cannelle, vanille, caroube, paprika doux, gingembre

Noix/graines : amandes, noix, noix de cajou, graines de sésame, graines de carvi

Douceurs : miel

INFUSIONS

Faites votre choix parmi ces plantes qui rééquilibrent le chakra sacré et faites-les infuser avec l'intention sacrée de faciliter le mouvement et l'élimination. Ces infusions sont revigorantes et sensuelles, elles procurent un sentiment de félicité.

- Calendula (à gauche)
- Gardénia
- Hibiscus
- Réglisse
- Fenouil

Chakra sacré
Reiki

Étape 1

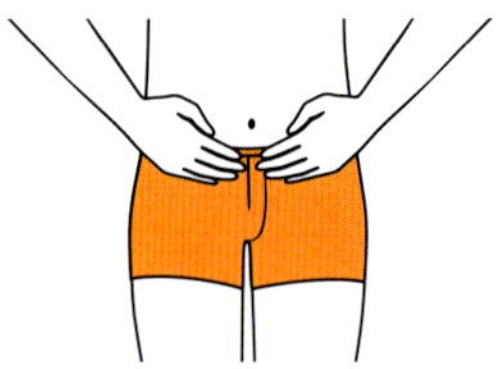

Étape 2

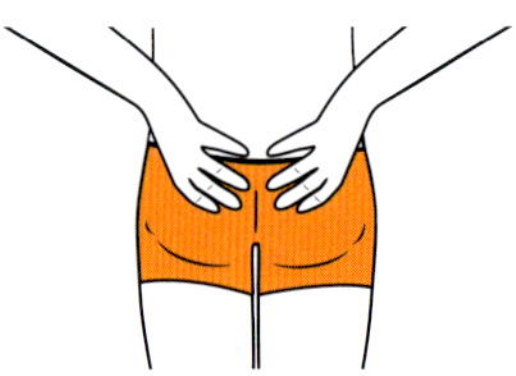

L'énergie subtile du reiki est bénéfique pour équilibrer le chakra sacré. En focalisant votre attention et votre énergie sur ce chakra fluide et sensuel, vous éprouvez des sentiments de doux plaisir. Pratiquez la méditation du chakra sacré (voir page 48) et visualisez l'énergie vitale universelle du reiki qui circule lorsque vous appliquez ces positions des mains. Vous pouvez pratiquer le reiki assis bien droit sur une chaise, les pieds à plat sur le sol.

1 Fermez les yeux et formez une coupe avec vos mains. Les paumes de vos mains tournées vers vous et le bout de vos doigts pointant les uns vers les autres, placez vos mains au milieu de votre abdomen. Appuyez doucement vos mains juste en dessous du nombril.

2 Fermez les yeux et formez une coupe avec vos mains. Les paumes de vos mains tournées vers vous et le bout de vos doigts pointant les uns vers les autres, posez vos mains derrière vous, sur la zone inférieure de votre dos. Appuyez doucement la base de vos paumes sur votre taille.

Maintenez chaque position des mains et pratiquez la méditation pendant 2 à 3 minutes. Effectuez une respiration longue et profonde en visualisant l'énergie vitale universelle reiki qui s'écoule des paumes de vos mains vers le centre de votre corps.
Visualisez la couleur orange qui tourne juste en dessous de votre nombril. C'est la source de votre créativité et de votre inspiration. C'est là que naissent votre désir sexuel et votre passion. Laissez votre énergie s'écouler librement dans la joie et le respect de votre don pour la création.

HUILES ESSENTIELLES

Utilisez ces parfums riches, terreux et enivrants pour libérer le doux plaisir du chakra sacré. Mélangez 1 à 2 gouttes d'une ou plusieurs de ces huiles essentielles avec 5 à 6 gouttes d'huile de coco. Frottez la plante des pieds, la nuque, ou la zone correspondant au chakra avec ce mélange.

- Bois de santal (à gauche)
- Patchouli
- Ylang-ylang

Chakra sacré
Cristaux

CHROMOTHÉRAPIE

ORANGE

La fréquence de la couleur orange est en harmonie avec la fréquence du chakra sacré. Regarder un objet ou une lumière orange affectera votre chakra sacré. La couleur orange rappelle le soleil et représente la chaleur et la source de toute création.

La fréquence et la résonance des cristaux du chakra sacré peuvent faciliter le flux de l'élimination et le mouvement de la procréation. C'est le chakra de la sexualité sacrée.
La résonance énergétique de la note de musique ré et la couleur orange améliorent les fréquences des cristaux du chakra sacré.
Il peut être influencé par les fréquences vibratoires des cristaux suivants :

- Cornaline
- Calcite orange
- Héliolite

Faites votre choix parmi ces cristaux pour équilibrer le chakra sacré. Tenez simplement les cristaux dans votre main gauche. Pratiquez la méditation du chakra sacré (voir page 48) pendant 3 à 5 minutes pour envoyer l'énergie du cristal. Pendant vos méditations, visualisez la couleur orange et écoutez de la musique enregistrée ou des vidéos qui favorisent l'équilibre du chakra sacré.

THÉRAPIE PAR LE SON

RÉ

Des bols en cristal, des bols chantants, des diapasons et des gongs accordés en ré peuvent être utilisés en même temps que les cristaux pour équilibrer le chakra sacré. Le ré contribue à stimuler l'inspiration et la créativité.

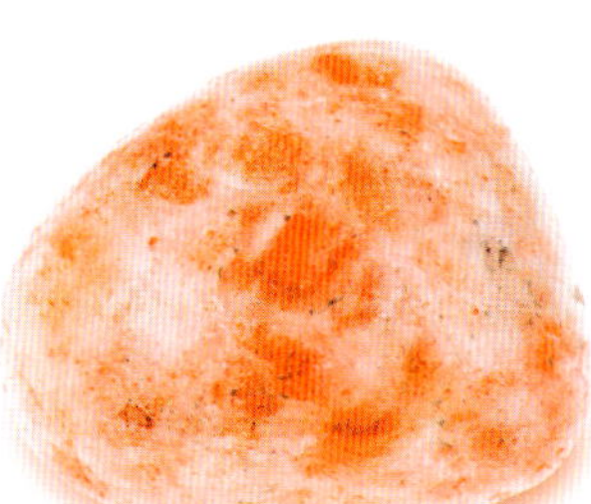

CI-DESSUS (DE HAUT EN BAS) : La cornaline, la calcite orange et l'héliolite sont des cristaux associés au rétablissement et au déblocage du chakra sacré. Pour déterminer ceux qui vous conviennent le mieux, essayez-en plusieurs et faites confiance à votre intuition.

Chakra du plexus solaire

Le chakra du plexus solaire ou *manipura* est le troisième des sept chakras et est le troisième chakra physique. C'est le noyau du pouvoir personnel dans votre système de chakras. Il régit l'estime et l'acceptation de soi ainsi que la confiance en soi.

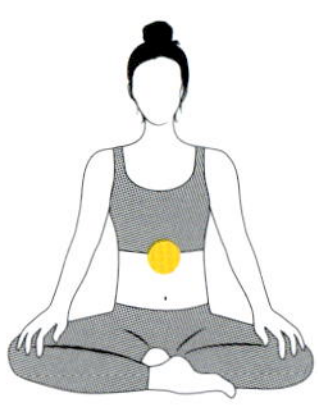

CHAKRA DU PLEXUS SOLAIRE

Le chakra du plexus solaire est situé juste au-dessus du nombril, sous le diaphragme.

La chaleur nécessaire pour transformer votre nourriture en carburant et en énergie est générée au niveau du chakra du plexus solaire. Cette énergie est utilisée par votre corps pour fonctionner au quotidien, pour guérir et pour s'adapter au changement. C'est votre noyau énergétique et il stimule votre volonté d'agir. Lorsqu'il est correctement développé, il incite votre guerrier intérieur à aller de l'avant pour surmonter les défis.

Le chakra du plexus solaire représente la chaleur et l'énergie nécessaires pour faciliter l'adaptation. Ce chakra vous relie au monde physique par le troisième des cinq tattvas ayurvédiques, le feu. Il a une couleur énergétique jaune et est symbolisé par le lotus à dix pétales.

ÉQUILIBRE / DÉSÉQUILIBRE

Avec un troisième chakra équilibré, vous vous sentez invincible et capable de surmonter tous les obstacles et relever tous les défis.

Des déséquilibres dans le troisième chakra peuvent vous remplir de doutes, d'un sentiment de haine envers vous et d'inadéquation. Ces sentiments affectent votre capacité à vous responsabiliser et à prendre des décisions. En raison de votre manque de considération pour vous-même, vous risquez de renoncer à votre pouvoir et d'intérioriser votre colère et votre ressentiment. Cela peut conduire à de l'indifférence vis-à-vis d'autrui. Vous vous déplacez dans le monde en ayant des réactions extrêmes face à des broutilles.

Si le chakra du plexus solaire est trop actif, vous risquez d'avoir des accès de violence et d'intolérance envers les autres, voire de leur faire subir des brimades. Vous blâmez autrui pour vos erreurs et vous n'assumez pas la responsabilité de vos actes. Une fierté exacerbée vous pousse à toujours vouloir avoir raison. Vous employez votre orgueil et votre désir de prestige pour dominer et contrôler ceux qui vous entourent.

Si le chakra du plexus solaire n'est pas assez actif, vous pouvez être timide et avoir l'impression d'être une éternelle victime. La mauvaise image que vous avez de vous vous paralyse parfois et vous rend incapable d'agir. Lorsque la chaleur ou le « feu » généré par votre plexus solaire sont insuffisants, vous ne recevez pas l'énergie nécessaire pour créer la vie que vous désirez. Votre manque de confiance et vos doutes abîment votre amour-propre. Cela peut vous donner un sentiment d'inutilité et l'envie de vous retirer ou de vous déconnecter du monde.

Chakra du plexus solaire
Le corps

PARTIES DU CORPS

- Haut du ventre
- Bas du dos
- Intestin grêle
- Système digestif

GLANDES ENDOCRINES

Pancréas – régule le métabolisme.

Les principaux systèmes corporels associés au chakra du plexus solaire sont :

- **Système nerveux :** plexus solaire, moelle épinière, nerf sympathique, système nerveux autonome
- **Système musculo-squelettique :** muscles abdominaux supérieurs et obliques, diaphragme, colonne lombaire
- **Système endocrinien :** pancréas
- **Système gastro-intestinal :** estomac, intestin grêle, pancréas, foie, vésicule biliaire

Le chakra du plexus solaire est situé dans la partie supérieure de l'abdomen et régit la santé du foie, de la rate, de la vésicule biliaire et du pancréas. Un coup violent porté à cette région peut provoquer un spasme du diaphragme et vous couper littéralement le souffle.

Un chakra du plexus solaire équilibré contribue au bon déroulement du processus complexe nécessaire à la décomposition et à l'absorption de la nourriture. La vésicule biliaire fournit la bile et le pancréas sécrète les enzymes digestives indispensables à une bonne digestion. Les muscles de l'estomac écrasent les aliments que nous mangeons en une bouillie qui est ensuite métabolisée et absorbée dans l'intestin grêle. Cette absorption est facilitée par la contraction et la relaxation péristaltiques de l'intestin grêle.

Le maintien de l'équilibre du chakra du plexus solaire permet de fournir le carburant nécessaire pour alimenter votre corps au niveau cellulaire. Un chakra du plexus solaire équilibré et ouvert est bénéfique pour le système digestif et les systèmes corporels qui lui sont associés.

LE PANCRÉAS ET LE CHAKRA DU PLEXUS SOLAIRE

Un chakra du plexus solaire équilibré aide le pancréas à produire les hormones nécessaires à la régulation de la glycémie. L'insuline, le glucagon, la somatostatine et le polypeptide pancréatique sont produits dans les îlots de Langerhans. Surcharger le pancréas en consommant des quantités excessives de sucres raffinés affecte sa capacité à réguler la glycémie et provoque à long terme une forme de diabète. Le diabète non traité entraîne des complications vasculaires graves. Un pancréas sain contribue à la santé de votre système circulatoire et à votre bien-être général.

Chakra du plexus solaire
Ayurveda/Kundalini

POSTURE
DU CHAT-VACHE

Étape 1

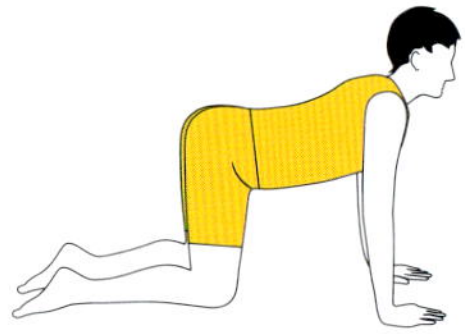

Étape 2

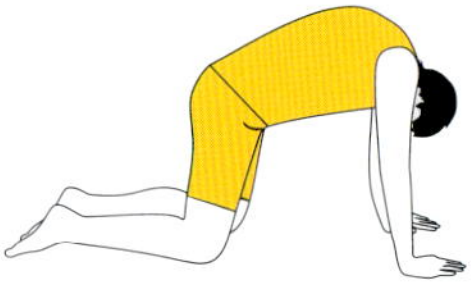

Le chakra du plexus solaire est le troisième centre d'énergie physique du triangle inférieur du flux énergétique de la kundalini. Il relie la puissance du plexus solaire à l'énergie physique nécessaire pour agir. Ce chakra est associé au troisième tattva ayurvédique, le feu, et se trouve à l'intersection des nadis ayurvédiques au-dessus du nombril. Le renforcement des muscles abdominaux et du milieu du dos améliore vos appuis pour effectuer le travail physique vous permettant d'atteindre vos objectifs.
La pratique de ces postures de kundalini yoga fortifie le chakra du plexus solaire. Former le mudra pendant la méditation aide à générer le feu nécessaire pour alimenter le chakra du plexus solaire.

POSTURE DU CHAT-VACHE

Répétez la séquence deux fois. Entre les deux, reposez-vous en vous asseyant sur vos talons et en plaçant votre front sur le tapis, les bras le long du corps.

1. Mettez-vous à quatre pattes, les mains écartées de la largeur des épaules et les genoux de la largeur des hanches. Inspirez profondément en levant la tête vers le haut et en creusant le dos. Gardez les yeux ouverts, regardez vers le haut. Relâchez vos muscles abdominaux (posture du chat).
2. Expirez tout l'air en bombant le dos et en baissant la tête, ramenez votre menton vers votre poitrine. Gardez les yeux ouverts, regardez vers le bas. Contractez vos muscles abdominaux (posture de la vache).
3. Commencez à alterner lentement et régulièrement la posture du chat et celle de la vache. Continuez pendant 2 à 3 minutes.

POSTURE DE TENSION

Répétez la séquence deux fois, avec 1 à 2 minutes de respiration longue et profonde entre les deux séquences.

1 Allongez-vous sur le dos sur le sol, les pieds joints et les bras le long du corps.
2 Soulevez les bras du sol, les paumes de mains tournées vers les cuisses. Pointez les orteils en soulevant les talons et la tête à 15 centimètres du sol.
3 En regardant vos orteils, commencez à respirer rapidement par le nez en inspirant et en expirant vingt-cinq fois. Ensuite, détendez-vous pendant 5 secondes.
4 Répétez l'exercice cinq fois puis relâchez.

POSTURE DE TENSION

Étape 2

Remarque : n'effectuez pas la posture de tension si vous êtes enceinte ou pendant la première semaine du cycle menstruel.

TANIT MUDRA

Formez le mudra et pratiquez la méditation pendant au moins 2 à 3 minutes et au maximum jusqu'à 10 minutes.

1 Asseyez-vous les jambes croisées et la colonne vertébrale droite. Pressez vos mains l'une contre l'autre, les doigts tendus, le bout des doigts se touchant et les pouces croisés (droit sur gauche). Pointez vos doigts vers l'avant, vos mains placées juste au-dessus du nombril.
2 En tenant le mudra juste au-dessus du nombril, concentrez-vous sur votre respiration. Inspirez lentement pendant 5 secondes, retenez votre souffle pendant 5 secondes, puis expirez pendant 5 secondes, en gardant le ventre relâché. C'est votre diaphragme qui doit travailler, pas vos muscles abdominaux. Répétez l'exercice dix fois.

TANIT MUDRA

Vous pouvez réciter le mantra ou l'affirmation du chakra du plexus solaire (voir page 62) tout en formant le mudra.

Chakra du plexus solaire
Méditation et mantras

Méditer et réciter des mantras focalisés sur le chakra du plexus solaire peut être revigorant et inspirant. En concentrant votre attention sur la chaleur de votre ventre, vous éprouvez un sentiment de confiance et d'accomplissement. Cela vous donne l'énergie nécessaire pour agir et avancer avec dynamisme dans le monde. Pendant que vous méditez, vous pouvez réciter des affirmations à voix haute et vous concentrer sur votre respiration. Il est aussi bénéfique de répéter un mantra dans votre tête pendant quelques minutes tout en méditant. Commencez par respirer longuement et profondément et visualisez l'énergie qui équilibre les chakras au milieu de votre abdomen. Avec l'œil de votre esprit, « regardez » la couleur jaune qui tourne juste au-dessus de votre nombril. C'est le cœur de votre pouvoir, la source de votre sagesse et de votre « intuition ». Laissez cette énergie vous stimuler pour atteindre vos objectifs.

MANTRA : RAM

Ram est un mantra protecteur. Méditer en psalmodiant « ram » alimente la chaleur qui vous permettra de réaliser vos rêves. Ce mantra stimule votre pouvoir personnel et vous donne l'enthousiasme et l'inspiration nécessaires pour exceller en tant que leader, membre d'une équipe ou artiste.

AFFIRMATION

« Mon chakra du plexus solaire est mon troisième centre d'énergie et il me fournit de la concentration et de la puissance.
Il est la source de ma confiance et de mon estime en moi.
C'est là que je ressens mon intuition. »

ASTROLOGIE

♈

BÉLIER

Un chakra du plexus solaire équilibré fournit aux Béliers l'énergie physique nécessaire pour alimenter leur leadership et leur esprit d'entreprise.

♏

SCORPION

Un chakra du plexus solaire équilibré soutient le Scorpion dans ses actions, sa concentration, son orientation et son besoin d'explorer les secrets et les mystères de la vie, du sexe et de la mort.

Chakra du plexus solaire
Alimentation

TEINTURES-MÈRES

La teinture-mère de racine de guimauve soutient le chakra du plexus solaire et peut aider à équilibrer le flux énergétique et à atténuer les tensions et l'anxiété.

Le chakra du plexus solaire est nourri par des aliments qui stimulent l'action physique et émotionnelle. Il est favorisé par les céréales, les épices, les infusions, les produits laitiers, les aliments de couleur jaune, et ceux qui fournissent des glucides complexes et des graisses saines, nécessaires pour alimenter et soutenir notre volonté de réussir. La consommation d'aliments bénéfiques au chakra du plexus solaire facilite la combustion longue et lente qui procure l'endurance indispensable pour atteindre vos objectifs.

Voici une liste d'aliments qui peuvent être intégrés dans vos repas pour une santé et une vitalité optimales du chakra du plexus solaire.

Céréales : pâtes, céréales, riz, pain (consommez des céréales complètes, évitez la farine blanche transformée)

Noix/graines : graines de lin, graines de tournesol, noix, graines de chia

Herbes/épices : poivre de Cayenne, menthe poivrée, menthe verte, mélisse, camomille, curcuma, cumin, fenouil, anis, coriandre

Produits laitiers : lait, fromages, yaourts (consommez des produits laitiers biologiques, évitez ceux qui proviennent d'animaux traités aux hormones et aux antibiotiques)

Faites votre choix parmi les plantes ci-dessous, qui équilibrent le chakra du plexus solaire. Faites-les infuser avec l'intention sacrée de vous sentir lumineux et dynamique. Ces plantes stimulent les papilles gustatives et vous fournissent de l'énergie pour avancer dans votre vie.

- Romarin
- Gingembre
- Anis
- Bergamote
- Menthe poivrée (à gauche)
- Fenouil
- Cannelle

Chakra du plexus solaire
Reiki

Étape 1

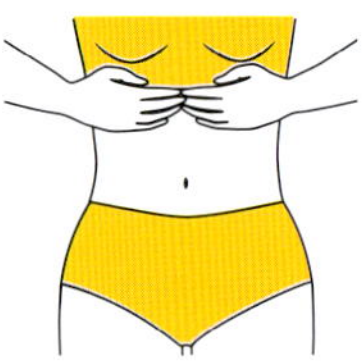

Étape 2

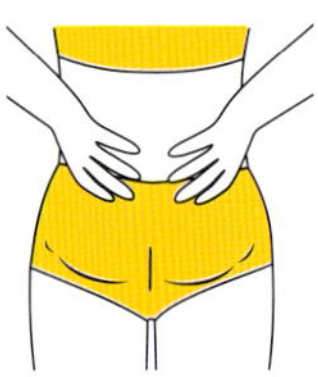

L'énergie subtile du reiki est bénéfique pour équilibrer le chakra du plexus solaire. En concentrant votre attention sur ce point énergétique central, vous améliorez votre capacité à agir avec dynamisme et à concrétiser vos objectifs et vos rêves.
Pratiquez la méditation du chakra du plexus solaire (voir page 62) et visualisez l'énergie vitale universelle du reiki qui circule lorsque vous tenez ces positions des mains. Vous pouvez les pratiquer assis bien droit sur une chaise, les pieds à plat sur le sol.

1 Fermez les yeux et formez une coupe avec vos mains. Les paumes des mains tournées vers vous et le bout des majeurs se touchant, placez vos mains sur le haut de votre abdomen. Appuyez doucement vos paumes sur le bas de votre cage thoracique.

2 Fermez les yeux et formez une coupe avec vos mains. Les paumes des mains tournées vers vous et les doigts pointant les uns vers les autres, placez vos mains derrière vous, sur la partie médiane de votre dos. Appuyez doucement vos paumes sur le bas de votre cage thoracique.

Maintenez chaque position des mains et pratiquez la méditation pendant 2 à 3 minutes. Respirez longuement et profondément en visualisant l'énergie vitale universelle reiki qui s'écoule des paumes de vos mains vers le centre de votre corps.
Visualisez la couleur jaune qui tourne dans votre plexus solaire. C'est le cœur de votre pouvoir, la source de votre sagesse et de vos sentiments. C'est là que naissent votre énergie et votre endurance.

HUILES ESSENTIELLES

Humez le pouvoir lumineux et motivant de la lumière jaune du soleil pour dynamiser votre chakra du plexus solaire et aider votre corps physique à entrer en action. Mélangez 1 à 2 gouttes d'une ou plusieurs de ces huiles essentielles avec 5 à 6 gouttes d'huile de coco. Frottez la plante des pieds, la nuque, ou la zone correspondant au chakra avec ce mélange.

- Camomille
- Citron (à gauche)
- Thym

Chakra du plexus solaire
Cristaux

CHROMOTHÉRAPIE

JAUNE

La fréquence de la couleur jaune est en harmonie avec la fréquence du chakra du plexus solaire. Fixer un objet ou une lumière jaune influencera le chakra du plexus solaire. Le jaune incarne la prudence et le don de soi dans votre attitude face à la vie.

La fréquence et la résonance des cristaux du chakra du plexus solaire contribuent à vitaliser la puissance de votre noyau physique. C'est le chakra de la « parole donnée », il permet d'agir pour partager vos valeurs et vos passions avec d'autres personnes. La résonance énergétique du mi (note de musique) et la couleur jaune améliorent les fréquences des cristaux du chakra du plexus solaire.
Il est influencé par les fréquences énergétiques des cristaux suivants :

- Citrine
- Jaspe jaune
- Topaze

Faites votre choix parmi ces cristaux pour équilibrer le chakra du plexus solaire. Tenez simplement les cristaux dans votre main gauche. Pratiquez la méditation du chakra du plexus solaire (voir page 62) pendant 3 à 5 minutes pour envoyer l'énergie du cristal jusqu'au chakra. Pendant vos méditations, visualisez la couleur jaune et écoutez de la musique enregistrée ou des vidéos qui favorisent l'équilibre du chakra du plexus solaire.

THÉRAPIE PAR LE SON

MI

Des bols en cristal, des bols chantants, des diapasons et des gongs accordés en mi peuvent être utilisés en même temps que les cristaux pour équilibrer le chakra du plexus solaire. La note mi contribue à créer un sentiment de confiance.

CI-DESSUS (DE HAUT EN BAS) : La topaze, le jaspe jaune et la citrine sont associés au rétablissement et au déblocage du chakra du plexus solaire. Pour déterminer ceux qui vous conviennent le mieux, essayez-en plusieurs et suivez votre instinct.

Chakra du cœur

Le chakra du cœur ou *anahata* est le quatrième des sept chakras et relie les trois chakras physiques inférieurs aux trois chakras spirituels supérieurs. C'est la porte d'entrée de votre connexion spirituelle avec le divin.

CHAKRA DU CŒUR

Le chakra du cœur est situé au centre de la poitrine, entre le sternum et la colonne vertébrale.

Le chakra du cœur est l'endroit où naît l'amour que vous avez pour vous-même et pour les autres. Vous êtes profondément connecté à vous-même. Ce centre d'énergie est la source de votre capacité à aimer et à être aimé. Il fait le pont avec les trois chakras inférieurs et vous ancre et vous connecte à votre moi supérieur. Lorsqu'il est correctement développé, vous êtes motivé par l'amour et vous êtes capable de générer de la joie, de la compassion et de l'empathie dans votre vie. Vous voyez facilement la beauté en vous et chez les autres.
Le chakra du cœur représente la plus haute vibration du monde physique et vous relie au monde physique par le quatrième des cinq tattvas ayurvédiques, l'air. Ce chakra a une couleur énergétique verte et est symbolisé par le lotus à douze pétales.

ÉQUILIBRE / DÉSÉQUILIBRE

Avec un quatrième chakra équilibré, vous ressentez de l'amour pour vous et pour les autres, vous ne pouvez pas être blessé par les autres ou les blesser, vous savez rendre service avec compassion et respect.
Des déséquilibres dans le quatrième chakra peuvent vous donner le sentiment d'être déconnecté de vous-même et des autres. Il vous arrive de ressentir du chagrin ou de la tristesse, de la déprime ou de la solitude. Cela peut vous causer de l'aigreur et de la colère et rendre vos relations avec autrui très difficiles. Cela vous pousse à donner votre amour à des personnes qui ne le méritent pas ou ne le souhaitent pas.

Si le chakra du cœur est trop actif, vous pouvez souffrir de dépendance affective et être facilement blessé par les actions d'autrui. Vous prenez en considération les besoins des autres avant les vôtres et vous avez tendance à porter les émotions ou les problèmes des autres sur vos épaules. Il peut en résulter une perception erronée de l'amour, ce qui vous amène à être trop affectueux et à étouffer votre partenaire ou vos enfants avec ce que vous pensez être de l'amour. Cela peut vous conduire à un comportement passif-agressif ou critique envers les autres.

Si le chakra du cœur n'est pas assez actif, vous aurez peut-être du mal à vous engager dans une relation amoureuse. En raison de votre manque d'amour-propre, il se peut que vous ne puissiez pas ressentir la connexion profonde nécessaire pour cultiver et maintenir une relation amoureuse. Incapable de faire confiance aux autres, vous risquez de vous renfermer émotionnellement et de remettre en question votre propre valeur et votre désir de vivre une vie remplie de joie et de satisfaction.

Chakra du cœur
Le corps

PARTIES DU CORPS

- Thorax
- Haut du dos
- Poumons
- Cage thoracique
- Cœur

GLANDES ENDOCRINES

Thymus – régule le système immunitaire.

Les principaux systèmes corporels associés au chakra du cœur sont :
• **Système respiratoire** : poumons, bronches
• **Système circulatoire :** cœur et principaux vaisseaux sanguins, artérioles, veinules et capillaires pulmonaires
• **Système nerveux :** plexus brachial, moelle épinière, nerf sympathique, système nerveux périphérique, système nerveux autonome
• **Système musculo-squelettique :** diaphragme, muscles intercostaux, cœur, trapèze, colonne vertébrale, côtes
• **Système endocrinien :** thymus
• **Système immunitaire :** thymus, vaisseaux lymphatiques, ganglions lymphatiques
Le chakra du cœur est situé au centre de la poitrine, près du cœur. Il régit le cœur, les poumons, le diaphragme et la colonne vertébrale. C'est là que le sang est pompé dans les poumons pour éliminer le dioxyde de carbone. Puis le sang fraîchement oxygéné circule dans les vaisseaux et capillaires sanguins de chaque tissu.
Le chakra du cœur affecte énergétiquement deux des principales fonctions du corps, à savoir la respiration et la circulation. Un chakra du cœur équilibré permet au diaphragme de se contracter et de se détendre régulièrement et de façon constante pour gonfler et dégonfler automatiquement les poumons. Cela assure ainsi un apport d'oxygène frais et une élimination efficace du dioxyde de carbone. Le muscle cardiaque assure à son tour la circulation de tous les globules rouges dans les poumons et leur acheminement vers les cellules du corps qui en ont besoin.

Maintenir un chakra du cœur équilibré garantit que les fonctions mécaniques primaires de la respiration et du rythme cardiaque opèrent sans défaillance tout au long de votre vie. Un chakra du cœur ouvert et actif est bénéfique pour vos systèmes respiratoire et circulatoire ainsi que pour les systèmes corporels qui leur sont associés.

LE THYMUS ET LE CHAKRA DU CŒUR

Un chakra du cœur équilibré aide le thymus à produire une hormone, la thymosine. Elle est nécessaire pour stimuler le développement et la production des cellules T indispensables au système immunitaire. La production de lymphocytes T permet à l'organisme de lutter contre les maladies infectieuses. Le thymus est très actif et plus grand pendant l'enfance, puis il rétrécit lentement et se transforme en graisse après la puberté. Les cellules T créées migrent vers le système lymphatique, où elles sont stockées jusqu'à ce qu'elles soient nécessaires pour combattre les infections et les maladies. Un thymus sain, surtout pendant l'enfance, fournit au système immunitaire les lymphocytes qui protégeront l'organisme tout au long de sa vie.

Chakra du cœur
Ayurveda/Kundalini

POSTURE D'OUVERTURE DU CŒUR

Étape 1

Le chakra du cœur est le point d'équilibre entre les triangles inférieur et supérieur du flux énergétique de la kundalini. C'est le point où les trois chakras physiques rencontrent les trois chakras spirituels. Ce chakra est associé au quatrième tattva ayurvédique, l'air, et c'est là que les nadis ayurvédiques se croisent au centre de la poitrine. Élargir sa cage thoracique par une respiration profonde, soulever et ouvrir sa poitrine créent de l'espace pour vivre toute sa vie dans l'amour.
La pratique de ces postures de kundalini yoga fortifie le chakra du cœur. Former le mudra pendant la méditation facilite la fusion des énergies inférieures et supérieures pour équilibrer le chakra du cœur.

POSTURE D'OUVERTURE DU CŒUR

Répétez la séquence deux fois, en effectuant 1 à 2 minutes de respiration longue et profonde entre chaque séquence.

1 Asseyez-vous les jambes croisées, la colonne vertébrale bien droite. Levez et écartez les bras tendus de chaque côté, parallèlement au sol, les paumes de mains tournées vers l'avant, tout en inspirant par le nez.

2 En gardant les bras tendus, expirez par le nez en rapprochant les bras devant vous comme si vous alliez taper des mains, mais sans le faire.

3 Inspirez et écartez de nouveau les bras de chaque côté. Continuez de faire ces mouvements au rythme qui vous convient, en inspirant et en expirant pendant 1 à 3 minutes.

4 Relâchez vos bras et posez vos mains sur vos genoux.

POSTURE DE L'EGO ERADICATOR

Répétez la séquence deux fois, en effectuant 1 à 2 minutes de respiration longue et profonde entre chaque séquence.

1 Asseyez-vous les jambes croisées, la colonne vertébrale bien droite. Baissez légèrement le menton. Pliez les doigts de façon à ce que leurs extrémités touchent le haut de la paume. Pointez vos pouces vers l'extérieur. Levez les bras et tenez-les à un angle de 60 degrés par rapport au sol.

2 Les yeux fermés, commencez à inspirer et à expirer par le nez en alternant des respirations courtes et rapides pendant 1 à 3 minutes.

3 Terminez en inspirant et en retenant votre respiration pendant 10 secondes en levant les bras au-dessus de votre tête et en dépliant les doigts : les bouts de vos pouces doivent se toucher. Expirez et laissez vos bras retomber vers le bas de chaque côté puis reposez vos mains sur vos genoux.

POSTURE DE L'EGO ERADICATOR

Étape 1

PADMA MUDRA

Formez le mudra et pratiquez la méditation pendant au moins 2 à 3 minutes et jusqu'à 10 minutes au maximum.

1 Asseyez-vous les jambes croisées, la colonne vertébrale bien droite et les mains jointes devant la poitrine. Pressez la base de vos paumes l'une contre l'autre. Écartez tous les doigts les uns des autres sauf les auriculaires et les pouces, qui doivent rester collés.

2 Tenez le mudra devant votre poitrine et concentrez-vous sur votre respiration. Inspirez lentement pendant 5 secondes, retenez votre souffle pendant 5 secondes, puis expirez pendant 5 secondes, en gardant votre ventre relâché. Répétez cet exercice dix fois.

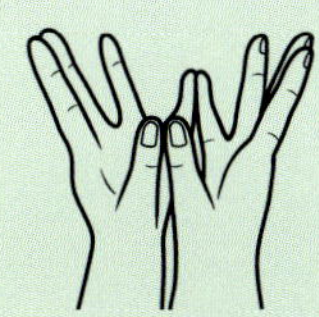

PADMA MUDRA

Vous pouvez réciter le mantra du chakra du cœur ou l'affirmation (voir page 76) tout en tenant le mudra.

Chakra du cœur
Méditation et mantras

ASTROLOGIE

♎

BALANCE

Un chakra du cœur équilibré renforce le désir profond des Balances d'entretenir des amitiés et des relations chaleureuses et intimes.

♉

TAUREAU

Un chakra du cœur équilibré soutient le besoin des Taureaux d'être ancrés dans la réalité et leur rappelle de souhaiter ce qu'ils ont.

Pratiquer la méditation et répéter des mantras focalisés sur le chakra du cœur ouvre le cœur. En concentrant votre attention sur le centre de votre cœur, vous favorisez des sentiments d'acceptation de soi et de compassion profonde envers les autres.

Pendant que vous méditez, vous pouvez réciter des affirmations à voix haute et vous concentrer sur votre respiration. Il est aussi possible de répéter un mantra dans votre tête pendant quelques minutes tout en pratiquant la méditation.

Commencez par respirer longuement et profondément puis visualisez l'énergie qui équilibre les chakras au centre de votre poitrine. En utilisant l'œil de votre esprit, « regardez » la couleur verte qui tourne dans votre cœur. C'est la source de votre capacité à aimer et à vous rétablir. Laissez cette énergie générer de la gratitude avec une grande compassion pour vous-même et une grande empathie envers les autres.

MANTRA : YAM

Yam concentre votre intention sur l'amour et l'acceptation de vous-même et des autres. Méditer en chantant « yam » vous aide à vous rappeler votre valeur et renforce votre capacité à vous pardonner et à pardonner aux autres. Ce mantra vous donne une grande capacité d'amour pour équilibrer et dynamiser les chakras supérieurs.

AFFIRMATION

« Mon chakra du cœur est mon quatrième centre d'énergie et il me fournit de l'empathie et de la compassion envers les autres.
Il est la source de ma capacité à soigner les autres et moi-même, à donner et à recevoir de l'amour. La sagesse de mon cœur y est connue. »

Chakra du cœur
Alimentation

TEINTURES-MÈRES

La teinture de baies d'aubépine renforce le chakra du cœur et peut vous aider à cultiver l'amour pour vous-même et vous encourager à suivre votre cœur.

Le chakra du cœur est nourri par des aliments qui favorisent l'empathie et la compassion. Il s'agit d'aliments de couleur verte, de légumes, d'épices et de thé. Ces aliments aident à ouvrir notre cœur grâce à l'énergie vibrante des feuilles vertes et nous permettent de donner et de recevoir de l'amour. La consommation d'aliments qui soutiennent le chakra du cœur facilite notre capacité à être généreux, à accepter et à partager le pain avec autrui.
Voici quelques aliments qui améliorent la santé et la vitalité du chakra du cœur :
Légumes : épinards, chou frisé, feuilles de pissenlit, brocoli, chou-fleur, céleri, chou, courge
Herbes : basilic, sauge, thym, coriandre, persil, romarin
Boissons : thé vert

INFUSIONS

Faites votre choix parmi ces plantes équilibrant le chakra du cœur et faites-les infuser avec l'intention sacrée de préserver la circulation et la fonction cardiaque. Ces infusions calment et réchauffent le cœur et vous aident à ressentir gratitude et compassion.

- Baies d'aubépine
- Lavande
- Basilic doux
- Jasmin
- Marjolaine
- Thym (à gauche)

Chakra du cœur
Reiki

Étape 1

Étape 2

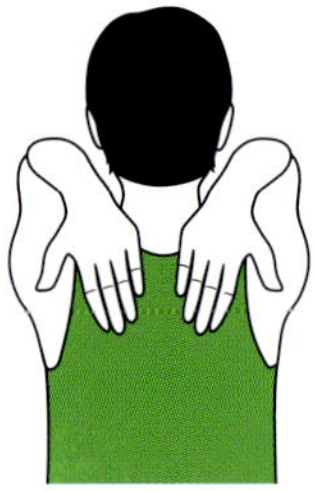

L'énergie subtile du reiki est bénéfique pour équilibrer le chakra du cœur. En concentrant votre attention sur la pompe de la vie, vous obtenez une conscience d'amour ouverte et compatissante.
Pratiquez la méditation du chakra du cœur (voir page 76) et visualisez l'énergie vitale universelle du reiki qui s'écoule lorsque vous tenez ces positions des mains. Vous pouvez pratiquer le reiki assis sur une chaise, les pieds à plat sur le sol.

1 Fermez les yeux et formez une coupe avec vos mains. Placez vos mains sur votre poitrine, les paumes tournées vers vous. Les bouts de vos majeurs doivent se toucher. Appuyez doucement vos doigts sur la partie centrale de votre sternum.

2 Placez vos mains derrière vous, sur la partie médiane de vos épaules, le bout des doigts pointé vers le bas et vers l'intérieur, en direction de votre colonne vertébrale. Appuyez doucement vos doigts sur vos épaules.

Maintenez chaque position des mains et pratiquez la méditation pendant 2 à 3 minutes. Commencez par respirer longuement et profondément en visualisant l'énergie vitale universelle reiki qui s'écoule de la paume de vos mains vers le centre de votre corps.
Visualisez la couleur verte qui tourne dans votre cœur. C'est l'endroit où vos chakras supérieurs et inférieurs sont en équilibre et fusionnent. C'est là que naît votre capacité à avoir de la compassion et de la gratitude. Laissez cette énergie générer une grande compassion pour vous-même et une immense empathie envers les autres.

HUILES ESSENTIELLES

Les odeurs douces, piquantes et citronnées se combinent pour ouvrir le chakra du cœur à l'expérience de la joie, de la gratitude, de la compassion et du pardon. Mélangez 1 à 2 gouttes d'une ou plusieurs de ces huiles essentielles avec 5 à 6 gouttes d'huile de coco. Frottez cette huile sur la plante des pieds, la nuque, ou encore sur la zone à la pointe du chakra.

- Géranium
- Bergamote
- Rose
- Mélisse (à gauche)

Chakra du cœur
Cristaux

CHROMOTHÉRAPIE

VERT

La fréquence de la couleur verte est en harmonie avec la fréquence du chakra du cœur. Il sera affecté par une lumière ou un objet vert. Le vert représente les forces vitales d'un grand amour et d'une grande compassion.

La fréquence et la résonance des cristaux du chakra du cœur aident à ouvrir les portes de la compassion et de la gratitude. C'est le chakra de l'amour et de l'acceptation. La résonance énergétique de la note de musique fa et la couleur verte améliorent les fréquences des cristaux du chakra du cœur.
Il peut être influencé par les fréquences énergétiques de ces cristaux :

- Quartz rose
- Jade
- Jaspe sanguin
- Calcite verte

Faites votre choix parmi ces cristaux pour équilibrer le chakra du cœur. Tenez simplement les cristaux dans votre main gauche. Pratiquez la méditation du chakra du cœur (voir page 76) pendant 3 à 5 minutes pour envoyer l'énergie de rétablissement du cristal jusqu'au chakra. Pendant vos méditations, visualisez la couleur verte et écoutez de la musique enregistrée ou des vidéos qui aident à l'équilibrer.

THÉRAPIE PAR LE SON

FA

Des bols en cristal, des bols chantants, des diapasons et des gongs accordés en fa peuvent être utilisés en même temps que les cristaux pour équilibrer le chakra du cœur. La note fa contribue à créer un sentiment d'empathie et de générosité.

CI-DESSUS (DE HAUT EN BAS) : La calcite verte, le jaspe sanguin, le jade et le quartz rose sont tous des cristaux associés à l'équilibrage et au déblocage du chakra du cœur. Pour déterminer ceux qui vous conviennent le mieux, essayez-en plusieurs et faites confiance à votre intuition.

Chakra de la gorge

Le chakra de la gorge ou *vishuddha* est le cinquième des sept chakras et le premier des trois chakras spirituels. Il est la source d'énergie de votre « voix » et régit votre capacité à vous exprimer.

CHAKRA DE LA GORGE

Le chakra de la gorge est situé au centre du cou, entre la gorge et la colonne vertébrale.

Le chakra de la gorge est la source de votre expression personnelle. Ce centre d'énergie vous fournit le pouvoir de communication. Il fonctionne pour connecter et équilibrer les pensées nées dans l'esprit avec les sentiments du cœur. Il vous aide à savoir quand parler et quand écouter. Lorsqu'il est correctement développé, vous êtes capable de partager vos pensées et vos sentiments avec les autres pour créer la vie que vous souhaitez. Votre vérité et votre authenticité se révèlent au fur et à mesure que vous partagez avec les autres et que vous les inspirez.
Le chakra de la gorge traduit vos sentiments et vos émotions en mots et vous relie au monde spirituel par le cinquième des cinq tattvas ayurvédiques, l'éther. Ce chakra a une couleur énergétique bleu clair et est symbolisé par le lotus à seize pétales.

ÉQUILIBRE / DÉSÉQUILIBRE

Avec un cinquième chakra équilibré, vous avez confiance en vous et vous vous sentez compris et reconnu dans le monde, ce qui vous permet de vous exprimer librement.
Des déséquilibres dans le cinquième chakra peuvent vous rendre réticent ou incapable d'exprimer votre vérité. Si on vous a dit pendant l'enfance de vous tenir tranquille et de vous taire, vous risquez de vous sentir enfermé et réduit au silence à jamais. L'anxiété qui en résulte peut vous donner l'impression d'être isolé et invisible.

Si le chakra de la gorge est trop actif, il se peut que vous parliez avant de réfléchir. De ce fait, vous pouvez être très créatif pour essayer de tromper les autres. Tant que vous ne mentez pas, vous croyez peut-être dire la vérité. Vous êtes bruyant et insistant, et avez beaucoup de mal à vous arrêter et à écouter. Au lieu de cela, vous parlez sans arrêt de sujets insignifiants, voire de potins. Le silence dans une conversation vous est insupportable.

Si le chakra de la gorge est sous-actif, vous pouvez être extrêmement timide, pétrifié à l'idée de parler en public et incapable d'avoir une conversation en tête à tête. Lorsque vous voulez partager une idée, vous n'avez pas le courage de parler. Lorsque vous parlez, vous êtes hésitant, timide, et incapable de communiquer efficacement vos pensées, vos idées ou vos sentiments. Pour finir, vous vous sentez incompris et inaudible.

Chakra de la gorge
Le corps

PARTIES DU CORPS

- Mâchoire
- Bouche
- Larynx
- Trachée
- Gorge
- Cou
- Tronc cérébral

GLANDES ENDOCRINES

Thyroïde – régule la température du corps et le métabolisme.

Les principaux systèmes corporels associés au chakra de la gorge sont :
- **Système respiratoire :** gorge, pharynx, trachée
- **Système circulatoire :** carotides, veines jugulaires
- **Système nerveux :** cervelet, moelle épinière, nerf sympathique, système nerveux autonome
- **Système musculo-squelettique :** langue, trapèze, os hyoïde, colonne cervicale
- **Système endocrinien :** thyroïde
- **Système gastro-intestinal :** bouche, dents, glandes salivaires, épiglotte, œsophage
- **Système immunitaire :** thyroïde, amygdales, vaisseaux lymphatiques, ganglions lymphatiques, adénoïdes

Le chakra de la gorge est situé au centre du cou, près de la colonne cervicale. Il affecte la bouche, la mâchoire, les dents, la langue, la gorge, les trompes d'Eustache, le larynx, l'épiglotte et la colonne cervicale. C'est là que tout ce qui est introduit dans le corps est contrôlé et régulé. Manger, respirer, avaler, goûter et parler se font avec une grande précision et sans effort conscient.
Le chakra de la gorge soutient énergétiquement la porte d'entrée de la respiration et le système gastro-intestinal. Un chakra de la gorge équilibré garantit que la nourriture pénètre dans le corps de manière à pouvoir être absorbée. L'épiglotte détermine sans effort si l'air ou la nourriture pénètre dans le corps et ouvre et ferme la voie appropriée pour l'inhalation ou l'ingestion. Le larynx fournit l'instrument de communication qui permet l'expression de soi par la parole, le chant, le fredonnement et même les cris.
Le maintien d'un chakra de la gorge équilibré garantit que le portail vers le monde extérieur est ouvert et disponible pour

une communication claire et la consommation d'air et de nourriture. En gardant le chakra de la gorge équilibré et ouvert, vous recevez les éléments nécessaires à la vie et disposez d'un mécanisme pour parler et faire entendre votre vérité.

LA GLANDE THYROÏDE ET LE CHAKRA DU CŒUR

Un chakra de la gorge équilibré aide la thyroïde à produire des hormones qui régulent le métabolisme de toutes les cellules du corps. La thyroxine (T4) et la triiodothyronine (T3) sont les principales hormones produites par la glande thyroïde. La T3 est l'hormone active qui affecte la façon dont le corps métabolise les nutriments qui sont fournis à chaque cellule. La T4 est disponible pour être convertie en T3 si nécessaire. La thyroïde travaille de concert avec l'hypophyse et l'hypothalamus pour stimuler ou inhiber la production de T3 et de T4. Le maintien de ce délicat équilibre garantit que les calories sont brûlées efficacement au sein de chaque cellule. Une glande thyroïde en bonne santé assure le fonctionnement optimal des cellules pour gérer correctement le poids et le niveau d'énergie global.

Chakra de la gorge
Ayurveda/Kundalini

POSTURE DU COBRA

Étape 2

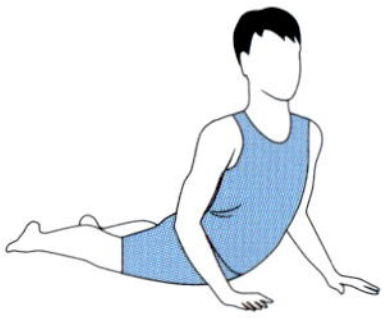

Le chakra de la gorge est le premier centre d'énergie spirituelle du triangle supérieur du flux énergétique de la kundalini. C'est là que les énergies du triangle inférieur sont accumulées et exprimées. Ce centre d'énergie est associé au cinquième tattva ayurvédique, l'éther, et c'est là que les nadis ayurvédiques se croisent, au centre du cou.
Le maintien de la souplesse, de l'équilibre et de l'amplitude des mouvements du cou assure une ouverture claire pour une communication puissante.
La pratique de ces postures de kundalini yoga fortifie le chakra de la gorge. Former le mudra pendant la méditation aide à dégager et à ouvrir le chakra de la gorge.

POSTURE DU COBRA

Répétez la séquence deux fois, en vous accordant 1 à 2 minutes de respiration longue et profonde entre les séquences.

1 Allongez-vous sur le ventre sur votre tapis, bras pliés, les paumes des mains à plat sur le tapis, à côté de vos épaules.

2 Gardez le dessus de vos pieds, vos jambes et votre bassin collés au tapis. Inspirez lentement en pressant doucement votre bassin sur le tapis et commencez à soulever votre poitrine du sol en utilisant les muscles du bas de votre dos. Gardez les coudes légèrement pliés et la tête haute.

3 Regardez droit devant vous. Expirez doucement en ramenant votre poitrine vers le tapis.

4 Répétez la posture dix fois, en inspirant longuement et profondément quand vous vous relevez et en expirant lorsque vous redescendez vers le tapis.

POSTURE DU HAUSSEMENT D'ÉPAULES

Répétez la séquence deux fois, en vous accordant 1 minute de respiration longue et profonde entre les séquences.

1 Asseyez-vous les jambes croisées, la colonne vertébrale bien droite et tenez vos genoux avec vos mains.

2 Inspirez et soulevez vos épaules vers vos oreilles (2A), puis laissez-les retomber en expirant (2B). Continuez à lever et à baisser les épaules en inspirant et en expirant et augmentez peu à peu le rythme.

3 Trouvez une vitesse qui vous convient et continuez pendant 1 à 2 minutes.

POSTURE DU HAUSSEMENT D'ÉPAULES

Étape 2A

Étape 2B

DHARMA MUDRA

Formez le mudra et pratiquez la méditation pendant au moins 2 à 3 minutes (jusqu'à 10 minutes au maximum).

1 Asseyez-vous les jambes croisées, la colonne vertébrale bien droite. Entrelacez vos doigts sur l'intérieur de vos mains. Laissez le bout de vos pouces se toucher et pointez-les vers le haut, en formant un cercle avec vos pouces et vos index.

2 En tenant le mudra devant votre nombril, concentrez-vous sur votre respiration. Inspirez lentement pendant 5 secondes, retenez votre souffle pendant 5 secondes, puis expirez pendant 5 secondes, en gardant votre ventre relâché. Il faut que cela soit votre diaphragme qui fasse le travail, pas vos muscles abdominaux. Faites l'exercice dix fois.

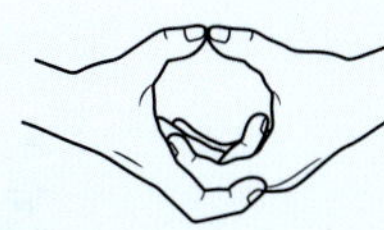

DHARMA MUDRA

Vous pouvez réciter le mantra du chakra de la gorge ou l'affirmation (voir page 90) tout en tenant le mudra.

Chakra de la gorge
Méditation et mantras

ASTROLOGIE

♓

GÉMEAUX

Un chakra de la gorge équilibré soutient le désir des Gémeaux de se sentir compris et reconnu dans le monde.

♍

VIERGE

Un chakra de la gorge équilibré offre aux Vierges le don de demander ce qu'elles veulent et de l'obtenir.

Pratiquer la méditation et répéter des mantras focalisés sur le chakra de la gorge renforce la confiance en soi pour s'exprimer librement. En concentrant votre attention sur le centre de votre cou, vous vous reliez au monde grâce à votre voix. Placez l'intention sacrée sur votre chakra de la gorge pour y trouver l'énergie nécessaire pour voir et sentir le monde afin de pouvoir être au service des autres.
Pendant que vous méditez, vous pouvez réciter des affirmations à voix haute et vous concentrer sur votre respiration. Il est aussi possible de répéter un mantra dans votre tête pendant quelques minutes tout en méditant.
Commencez par respirer longuement et profondément puis visualisez l'énergie qui équilibre les chakras au centre de votre cou. En utilisant l'œil de votre esprit, « regardez » la couleur bleu clair qui tourne entre votre gorge et votre colonne vertébrale. Cette énergie vous permet de vous exprimer avec clarté et confiance.

MANTRA : HAM

Ham ouvre les lignes de communication, tant physiques que spirituelles. Méditer en psalmodiant « ham » vous aide à vous exprimer clairement face aux autres et à l'univers. Ce mantra vous permet de communiquer de manière limpide et puissante tout en partageant vos pensées et vos idées en privé ou en public.

AFFIRMATION

« Mon chakra de la gorge est mon cinquième centre d'énergie et il fonctionne pour me permettre de communiquer avec les autres de manière puissante. Il est la source de mon expression personnelle et me permet de partager mes dons avec le monde. »

Chakra de la gorge
Alimentation

TEINTURES-MÈRES

La teinture-mère de fleur de trèfle rouge soutient le chakra de la gorge et peut vous aider à libérer l'énergie emprisonnée qui doit être communiquée.

Le chakra de la gorge est nourri par des aliments qui fournissent de l'énergie et une variété de goûts qui reflètent notre nature complexe. Les sucres naturels des fruits, l'acidité des agrumes et les épices stimulent et entretiennent la clarté de la communication. La consommation d'aliments qui soutiennent le chakra de la gorge renforce notre capacité à être agréable et à nous engager dans des situations sociales.
Voici quelques aliments qui favorisent la santé et la vitalité du chakra de la gorge.
Fruits : citrons, citrons verts, pamplemousses, kiwis, pommes, poires, prunes, pêches, abricots
Condiments : sel de mer, citronnelle
Boissons : eau, jus de fruits 100 % pur fruit (sans sucre ajouté), tisanes

Faites votre choix parmi ces plantes qui équilibrent le chakra de la gorge et faites-les infuser avec l'intention sacrée de favoriser la santé respiratoire et une communication claire. Ces infusions ouvrent la gorge et fournissent le soutien respiratoire qui vous permettra de vous exprimer avec force face aux autres.

• Sauge
• Citronnelle (à gauche)
• Feuille de molène

Chakra de la gorge
Reiki

Étape 1

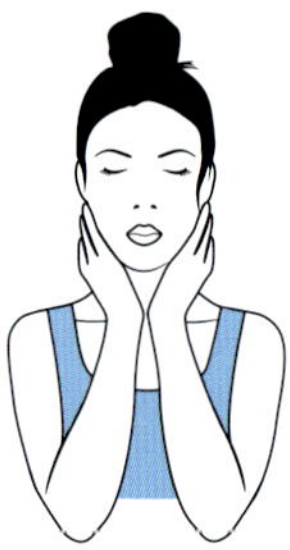

Étape 2

L'énergie subtile du reiki est bénéfique pour équilibrer le chakra de la gorge. En concentrant votre attention sur votre capacité à partager vos idées, vous aurez la confiance nécessaire pour poursuivre n'importe quel projet ou objectif. Pratiquez la méditation du chakra de la gorge (voir page 90) et visualisez l'énergie vitale universelle du reiki qui circule lorsque vous tenez ces positions des mains. Vous pouvez pratiquer le reiki assis bien droit sur une chaise, les pieds à plat sur le sol.

1 Fermez les yeux et formez une coupe avec vos mains. Placez vos mains à l'avant de votre gorge, la base de vos paumes se touchant. Passez vos mains sous votre mâchoire.

2 Fermez les yeux et placez vos mains à l'arrière de votre crâne. Vos index et vos majeurs se touchent. Passez vos mains au-dessus de la partie inférieure de votre crâne.

Maintenez chaque position des mains et pratiquez la méditation pendant 2 à 3 minutes. Commencez par respirer longuement et profondément en visualisant l'énergie vitale universelle reiki qui s'écoule de la paume de vos mains vers le centre de votre cou.
Visualisez la couleur bleu clair qui tourne entre votre gorge et votre colonne vertébrale. C'est le mégaphone de votre expression personnelle. C'est là que naît votre capacité à communiquer avec les autres. Laissez cette énergie vous donner la possibilité de vous exprimer librement avec clarté et confiance.

HUILES ESSENTIELLES

Mélangez des senteurs apaisantes, purifiantes, chaudes et lumineuses pour ouvrir votre chakra de la gorge et favoriser un discours clair et une écoute attentive. Mélangez 1 à 2 gouttes d'une ou plusieurs de ces huiles essentielles avec 5 à 6 gouttes d'huile de coco. Frottez la plante des pieds, la nuque, ou la zone correspondant au chakra avec ce mélange.

- Menthe poivrée
- Camomille bleue (à gauche)
- Géranium
- Myrrhe
- Bois de santal

Chakra de la gorge
Cristaux

CHROMOTHÉRAPIE

BLEU CLAIR

La fréquence de la couleur bleu clair est en harmonie avec la fréquence du chakra de la gorge. Fixer une lumière ou un objet bleu clair l'affectera. Le bleu clair représente une communication calme, claire et confiante.

La fréquence et la résonance des cristaux du chakra de la gorge renforcent une puissante énergie de communication. C'est le chakra de l'expression claire de soi et du partage des idées. La résonance énergétique de la note de musique sol et de la couleur bleu clair améliore les fréquences des cristaux du chakra de la gorge.
Il peut être influencé par les fréquences énergétiques de ces cristaux :

- Aigue-marine
- Turquoise
- Lapis-lazuli
- Topaze bleue

Faites votre choix parmi ces cristaux pour équilibrer le chakra de la gorge. Tenez simplement le cristal dans votre main gauche. Pratiquez la méditation du chakra de la gorge (voir page 90) pendant 3 à 5 minutes pour envoyer l'énergie de rétablissement du cristal jusqu'au chakra. Pendant vos méditations, visualisez la couleur bleu clair et écoutez de la musique enregistrée ou des vidéos qui favorisent l'équilibre du chakra de la gorge.

THÉRAPIE PAR LE SON

SOL

Des bols en cristal, des bols chantants, des diapasons et des gongs accordés en sol peuvent être utilisés en même temps que les cristaux pour équilibrer le chakra de la gorge. La note sol contribue à se sentir vu et compris dans le monde.

CI-DESSUS (DE HAUT EN BAS) : L'aigue-marine, la turquoise et le lapis-lazuli sont des cristaux associés à l'équilibre et au déblocage du chakra de la gorge. Pour déterminer ceux qui vous conviennent le mieux, essayez-en plusieurs et faites confiance à votre intuition.

Chakra du troisième œil

Le chakra du troisième œil ou *ajna* est le sixième des sept chakras et le deuxième des trois chakras spirituels. Il est la source de votre intuition et de votre sagesse spirituelle, et la porte d'accès à une conscience supérieure.

CHAKRA
DU TROISIÈME ŒIL

Le chakra du troisième œil est situé juste au-dessus des sourcils, au centre du front.

Le chakra du troisième œil se trouve au-delà du monde physique. Ce centre d'énergie vous offre la capacité d'introspection. Il fonctionne pour révéler votre vérité la plus élevée et vous pousse à avoir confiance en vous. Il vous donne la faculté d'analyser les situations dans leur contexte et de développer votre intelligence émotionnelle. Lorsqu'il est correctement développé, vous bénéficiez d'une vision plus élevée et vous êtes en mesure d'étudier plus attentivement vos options et de faire des choix éclairés.
Le chakra du troisième œil est relié aux cinq tattvas ayurvédiques et indique le contexte en montrant le visible et l'invisible. Ce chakra a une couleur énergétique indigo et est symbolisé par deux pétales de chaque côté d'un cercle central.

ÉQUILIBRE / DÉSÉQUILIBRE

Si votre sixième chakra est équilibré, votre clarté et votre conscience vous donnent un aperçu de votre passé, de votre présent et de votre avenir.
Des déséquilibres dans le sixième chakra peuvent provoquer une étroitesse d'esprit et une incapacité à prendre des décisions en raison d'un manque de clarté. Vous ignorez les informations pourtant visibles de tous et ne parvenez pas à vous concentrer sur votre objectif. Vous pouvez sembler confus ou hors sujet aux yeux des autres, sans vous en rendre compte. Votre manque de connaissance sur vous-même peut compromettre votre capacité d'empathie envers les autres.

Si le chakra du troisième œil est trop actif, vous pouvez souffrir de cauchemars, d'hallucinations ou de troubles psychiques. Vous êtes victime d'illusions et vous vous déplacez dans un monde qui se trouve dans votre tête. Vous avez des difficultés à vous ancrer. Perdu dans vos pensées, vous pouvez avoir du mal à vous connecter aux autres de manière profonde et significative.

Si le chakra du troisième œil est sous-actif, vous pouvez avoir du mal à faire confiance à votre intuition. Une mauvaise mémoire et de la confusion vous empêchent de voir le chemin que vous suivez ou la direction que vous prenez dans la vie. Au lieu de tirer des leçons de vos expériences, vous risquez de répéter les mêmes erreurs encore et encore, tout en attendant un résultat différent.

Chakra du troisième œil
Le corps

PARTIES DU CORPS

- Visage
- Nez
- Yeux
- Oreilles
- Sinus
- Cerveau
- Crâne

GLANDES ENDOCRINES

Hypophyse – produit des hormones qui régissent la fonction des cinq glandes précédentes.

Glande pinéale - elle est parfois également liée au chakra du troisième œil (voir page 114).

Les principaux systèmes corporels associés au chakra du troisième œil sont :

- **Système nerveux :** cortex cérébral
- **Système musculo-squelettique :** crâne, os du visage
- **Système endocrinien :** hypophyse et glande pinéale

Le chakra du troisième œil est situé juste au-dessus de l'arête du nez, entre les sourcils, et affecte physiquement les sinus et les yeux. C'est là que naissent votre lucidité physique et votre interprétation des images réelles perçues par vos yeux pour imaginer au-delà du monde matériel.

Le chakra du troisième œil élève énergétiquement la vibration de votre conscience pour expérimenter au-delà du monde tridimensionnel. Un chakra du troisième œil équilibré vous aide à accéder à votre moi supérieur, en voyant au-delà de la personnalité et en dépassant l'ego. C'est la porte de la vision intérieure, de la perspicacité et de l'intuition. En méditation, le fait de se concentrer sur le chakra du troisième œil permet de maintenir le corps et l'esprit tranquilles, ce qui favorise la lucidité et l'introspection. Votre vérité intérieure, votre but et vos intentions sont révélés ici. Préserver l'équilibre du chakra du troisième œil vous assure la clarté de vos objectifs et vous aide à voir les opportunités qui se présentent. Garder le chakra du troisième œil équilibré et ouvert vous permet d'atteindre des états de conscience mystiques, de recevoir la sagesse qui vous guidera dans votre vie et de faire confiance à votre intuition.

L'HYPOPHYSE ET LE CHAKRA DU TROISIÈME ŒIL

Un chakra du troisième œil équilibré aide l'hypophyse à réguler la production d'hormones stimulant les fonctions d'autres glandes endocrines et contrôlant la croissance des tissus et des organes. L'hypophyse transmet dans le sang des hormones qui régissent les glandes du système endocrinien. Elle sécrète tout, de l'hormone de croissance humaine – qui régule la croissance des enfants jusqu'à l'âge adulte – à la LH (hormone lutéinisante) – qui stimule la production d'œstrogènes et de testostérone dans les gonades – en passant par la FSH (hormone folliculo-stimulante) – qui gère la maturation des cellules germinales (cellules sexuellement reproductrices). Elle affecte également certains aspects du métabolisme, de la grossesse, de la température corporelle, de la pression sanguine et du taux de sodium. La production d'endorphines pour la douleur, d'ACTH (hormone adrénocorticotrope) dans les surrénales et de TSH (hormone de stimulation de la thyroïde) pour la glande thyroïde dépend de l'hypophyse pour fonctionner de manière optimale. Une hypophyse en bonne santé est essentielle pour un corps, un esprit et une âme équilibrés et sains.

Chakra du troisième œil
Ayurveda/Kundalini

Le chakra du troisième œil est le deuxième centre d'énergie spirituelle du triangle supérieur du flux d'énergie de la kundalini. Comme il s'agit d'un centre énergétique de fréquence plus élevée qui appartient au domaine subtil de l'énergie spirituelle, aucun tattva ayurvédique ne lui est associé. Le chakra du troisième œil est l'endroit où les nadis ayurvédiques se croisent au centre de la tête, juste au-dessus et entre les sourcils. La concentration de l'esprit entre les sourcils facilite votre capacité à imaginer et à rêver pour créer une vision de votre futur moi.

La pratique de ces postures de kundalini yoga fortifie le chakra du troisième œil. Former le mudra pendant la méditation aide à nettoyer et à débloquer ce chakra.

POSTURE DE ROTATION DE LA TÊTE

Répétez la séquence deux fois, en vous accordant 1 minute de respiration longue et profonde entre les séquences.

1. Asseyez-vous les jambes croisées, la colonne vertébrale bien droite et les mains sur les genoux, en inspirant profondément et lentement. Étirez votre cou et détendez vos épaules.
2. Étirez votre cou en arrière (2A) et tournez la tête vers la gauche dans le sens des aiguilles d'une montre. Expirez lentement lorsque votre oreille gauche passe au-dessus de votre épaule gauche (2B). Ramenez votre menton vers votre poitrine lorsque vous baissez votre tête vers l'avant (2C) et inspirez lentement lorsque votre oreille droite passe au-dessus de votre épaule droite (2D). Revenez en position 2A.
3. Continuez cette rotation pendant 1 à 2 minutes, puis faites la même chose dans le sens inverse des aiguilles d'une montre pendant 1 à 2 minutes.

POSTURE DE ROTATION DE LA TÊTE

Étape 2A

Étape 2B

Étape 2C

Étape 2D

POSTURE GURU PRANAM

Répétez la séquence deux fois, en vous accordant 1 minute de respiration longue et profonde entre les séquences.

1 Agenouillez-vous sur le tapis, les genoux écartés de la largeur des hanches et le dessus des pieds à plat sur le tapis, les gros orteils se touchant presque. Asseyez-vous sur vos talons, puis penchez-vous vers l'avant en plaçant votre poitrine sur vos cuisses.

2 Étendez les bras au-dessus de la tête, les paumes et les doigts se touchant. Respirez par le nez, en inspirant lentement pendant 5 secondes, puis en expirant pendant 5 secondes.

3 Répétez les exercices de respiration dix fois. Vous devez sentir la pression de votre front sur la natte, l'étirement de votre colonne vertébrale et l'ouverture entre vos os au niveau des fessiers lorsque vous relâchez le périnée.

POSTURE GURU PRANAM

Étape 2

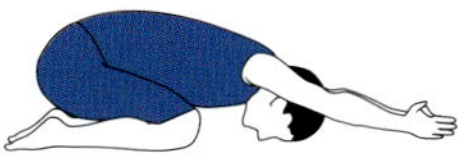

KALESVARA MUDRA

Formez le mudra et pratiquez la méditation pendant au moins 2 à 3 minutes (pendant 10 minutes au maximum).

1 Asseyez-vous les jambes croisées, la colonne vertébrale bien droite. Les bouts de vos majeurs et de vos pouces sont tendus et se touchent. Pliez les autres doigts et appuyez sur les articulations et les phalanges de chaque doigt.

2 Tenez le mudra au-dessus de votre nombril, les majeurs pointant vers le haut. Concentrez-vous sur votre respiration. Inspirez pendant 5 secondes, retenez pendant 5 secondes, puis expirez pendant 5 secondes, en gardant le ventre détendu. Répétez l'exercice dix fois.

KALESVARA MUDRA

Vous pouvez réciter le mantra du chakra du troisième œil ou l'affirmation (voir page 104) tout en tenant le mudra.

Chakra du troisième œil
Méditation et mantras

ASTROLOGIE

CANCER

Un chakra du troisième œil équilibré permet aux Cancers de percevoir leur passé, leur présent et leur avenir.

Pratiquer la méditation et répéter des mantras focalisés sur le chakra du troisième œil vous donne un sentiment de connexion avec votre moi le plus élevé. Concentrer votre attention sur le centre de votre tête, en regardant vers l'intérieur, vous aide à voir votre vérité. Placez l'intention sacrée sur votre chakra du troisième œil afin d'y trouver l'énergie nécessaire à des prises de décision claires. Pendant que vous méditez, vous pouvez réciter des affirmations à voix haute et vous concentrer sur votre respiration. Il est aussi possible de répéter un mantra dans votre tête pendant quelques minutes tout en méditant. Commencez par respirer longuement et profondément puis visualisez l'énergie qui équilibre les chakras entre vos sourcils à la base de votre front. Avec l'œil de votre esprit, « regardez » la couleur indigo qui tourne derrière vos sourcils au centre de votre tête. Laissez cette énergie vous donner la capacité de voir au-delà du physique et de faire confiance à votre intuition.

MANTRA : AUM

Aum nettoie le chakra du troisième œil pour clarifier la vision intuitive. Méditer en psalmodiant « aum » permet d'accéder à votre sagesse intérieure. Avec un chakra du troisième œil clair, vous pouvez faire confiance à votre voix intérieure et savoir que vous avancez sur le chemin qui vous convient le mieux.

AFFIRMATION

« Mon chakra du troisième œil est mon sixième centre d'énergie et il fonctionne pour me donner de l'intuition et de la perspicacité.
Il est la source de mon "sixième sens" et me permet de voir les autres et moi-même tels que nous sommes vraiment. »

Chakra du troisième œil
Alimentation

TEINTURES-MÈRES

La teinture d'euphraise soutient le troisième chakra de l'œil et peut vous permettre de voir la vérité clairement, avec un œil calme et objectif.

Le chakra du troisième œil est nourri par des aliments qui sont denses en nutriments et fournissent de l'énergie à haute fréquence à notre corps. Manger des fruits violets, antioxydants, et boire des jus de fruits détoxifiants améliore la clarté de la vision. La consommation d'aliments qui soutiennent le chakra du troisième œil facilite la prise de conscience nécessaire pour développer et faire confiance à votre intuition.

Voici quelques aliments qui garantissent la santé et la vitalité optimales du chakra du troisième œil :

Fruits : myrtilles, mûres, framboises, canneberges, baies de goji, raisins rouges, baies d'açaï, grenade

Herbes aromatiques : lavande, armoise

Boissons : vin rouge, jus de raisin à 100 % (sans sucre ajouté)

Noix/graines : noix, amandes germées, graines de pavot

INFUSIONS

Faites votre choix parmi ces plantes qui équilibrent le chakra du troisième œil et faites-les infuser avec l'intention sacrée de renforcer votre vision et votre intuition. Ces infusions améliorent la capacité à se concentrer et à prendre des décisions en clarifiant et en apaisant l'esprit.

- Gotu kola
- Lavande (à gauche, avec la camomille)

Chakra du troisième œil
Reiki

Étape 1

Étape 2

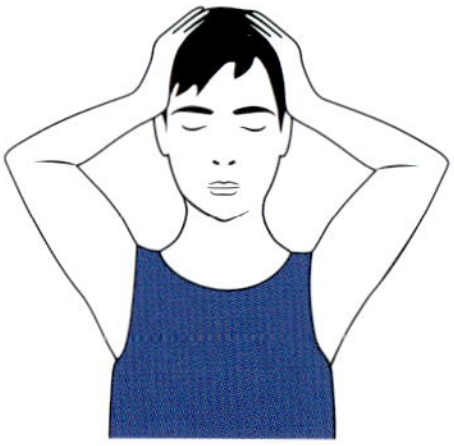

L'énergie subtile du reiki est bénéfique pour équilibrer le chakra du troisième œil. En concentrant votre attention sur votre capacité à voir et à savoir qui vous êtes, vous acquérez les connaissances nécessaires pour comprendre quel service vous pouvez offrir aux autres.
Pratiquez la méditation du chakra du troisième œil (voir page 104) et visualisez l'énergie vitale universelle du reiki qui circule lorsque vous tenez ces positions des mains. Vous pouvez pratiquer le reiki assis bien droit sur une chaise, les pieds à plat sur le sol.

1. Fermez les yeux et formez une coupe avec vos mains. Placez vos mains sur vos yeux. Du bout des doigts, appuyez légèrement sur le haut de votre front.
2. Fermez les yeux et formez une coupe avec vos mains. Placez vos mains sur vos tempes et vos oreilles. Du bout des doigts, appuyez légèrement sur le sommet de votre crâne.

Maintenez chaque position des mains et pratiquez la méditation pendant 2 à 3 minutes. Commencez par respirer longuement et profondément en visualisant l'énergie vitale universelle reiki qui s'écoule de la paume de vos mains vers le centre de votre tête. Visualisez la couleur indigo qui tourne derrière vos sourcils au centre de votre tête. C'est votre point d'accès à la vision intérieure. Votre capacité à vous connecter avec votre moi supérieur naît à cet endroit. Laissez cette énergie vous offrir la capacité de voir au-delà du monde physique et de faire confiance à votre intuition.

HUILES ESSENTIELLES

Combiner la fraîcheur du pin et des huiles essentielles douces et piquantes procure une énergie envoûtante qui vous élève dans les royaumes éthériques pour accéder à votre moi le plus élevé. Mélangez 1 à 2 gouttes d'une ou plusieurs de ces huiles essentielles avec 5 à 6 gouttes d'huile de coco. Frottez la plante des pieds, la nuque, ou la zone correspondant au chakra avec ce mélange.

- Marjolaine
- Jasmin
- Romarin
- Genévrier (à gauche)
- Pin
- Immortelle d'Italie

Chakra du troisième œil
Cristaux

CHROMOTHÉRAPIE

INDIGO

La fréquence de la couleur indigo est en harmonie avec la fréquence du chakra du troisième œil. Regardez un objet ou une lumière indigo et il en sera affecté. L'indigo représente la clairvoyance spirituelle et la vérité intuitive.

La fréquence et la résonance des cristaux du chakra du troisième œil favorisent un état d'esprit spirituel. C'est le chakra de l'intuition et de la vérité la plus haute. La résonance énergétique du la (note de musique) et la couleur indigo améliorent les fréquences des cristaux du chakra du troisième œil.
Il peut être influencé par les fréquences énergétiques de ces cristaux :

- Améthyste
- Lépidolite
- Fluorite pourpre
- Azurite

Choisissez parmi ces cristaux pour équilibrer le chakra du troisième œil. Tenez simplement le cristal dans votre main gauche. Pratiquez la méditation du chakra du troisième œil (voir page 104) pendant 3 à 5 minutes pour envoyer l'énergie de rétablissement du cristal jusqu'au chakra. Pendant vos méditations, visualisez la couleur indigo et écoutez de la musique enregistrée ou des vidéos qui favorisent l'équilibre du chakra du troisième œil.

THÉRAPIE PAR LE SON

LA

Des bols en cristal, des bols chantants, des diapasons et des gongs accordés en la peuvent être employés en même temps que les cristaux pour équilibrer le chakra du troisième œil. La note la vous aide à avoir confiance en vous pour avoir foi en ce que vous savez être vrai.

CI-DESSUS (DE HAUT EN BAS) : La lépidolite, l'azurite et la fluorite pourpre sont des cristaux associés à l'équilibre et à l'ouverture du chakra du troisième œil. Pour déterminer ceux qui vous conviennent le mieux, essayez-en plusieurs et faites confiance à votre intuition.

Chakra couronne

Le chakra couronne ou *sahasrara* est le septième des sept chakras et le troisième des trois chakras spirituels. C'est le point de connexion directe avec votre moi supérieur et le divin.

CHAKRA COURONNE

Le chakra couronne est situé au sommet et au centre de la tête.

Le chakra couronne est relié au royaume de l'infini et de l'intemporel. Ce centre d'énergie offre la possibilité de faire l'expérience des formes de conscience les plus élevées. Il fonctionne pour procurer des sentiments de joie et de béatitude, de paix et de transcendance, et vous permettre d'expérimenter les aspects mystiques de la vie. Lorsqu'il est correctement développé, vous êtes capable de connaître et de comprendre la nature temporaire de toute chose et la nature éternelle de la conscience individuelle au sein de la source de tout ce qui est.

Le chakra couronne est relié aux cinq tattvas ayurvédiques et vous permet de faire l'expérience de l'unicité de l'univers. Ce chakra a une couleur énergétique violette et est symbolisé par le lotus à mille pétales.

ÉQUILIBRE / DÉSÉQUILIBRE

Avec un septième chakra équilibré, vous pouvez maintenir une connexion pure avec le divin, qui soutient, équilibre et dynamise l'ensemble du système des chakras.

Des déséquilibres dans le septième chakra peuvent vous donner le sentiment d'être déconnecté de toute sorte de réalité spirituelle. Il se peut que vous passiez d'une religion à une autre en cherchant des réponses à vos questions spirituelles. Vous courez le risque de tomber dans le piège des charlatans du développement personnel, en déployant beaucoup d'efforts pour établir une connexion avec le divin sans résultat.

Si votre chakra couronne est trop actif, vous pouvez avoir des pensées agitées et anxieuses. Vos pensées vous dépassent et vous êtes incapable de vous connecter ou de vous engager avec ceux qui vous entourent. Vous adoptez un comportement matérialiste et êtes incapable de laisser-faire. Vous accumulez des biens et/ou avez peur de les perdre parce que vous y êtes trop attaché.

Si le chakra couronne n'est pas assez actif, vous pouvez être attiré par des religions extrémistes pour éviter d'avoir à assumer la responsabilité de votre vie. Vous y éprouvez peut-être du soulagement, puisque l'on vous y dit quoi faire et comment le faire. Vous pouvez également préférer le monde des intellectuels, qui fondent leurs expériences sur des faits scientifiques et des choses qui peuvent être prouvées dans le monde matériel. Tout cela peut vous donner le sentiment d'être perdu, captif et spirituellement déconnecté.

Chakra couronne
Le corps

PARTIES DU CORPS

- Cerveau
- Crâne

GLANDES ENDOCRINES

Glande pinéale – régule les cycles biologiques, y compris le sommeil. Cette glande est parfois également liée au chakra du troisième œil.

Les principaux systèmes corporels associés au chakra couronne sont :
- **Système nerveux :** cortex cérébral
- **Système musculo-squelettique :** os frontaux et pariétaux du crâne
- **Système endocrinien :** glande pinéale

Le chakra couronne est situé au sommet de la tête et affecte le cerveau et la glande pinéale. C'est le moins physique de tous les chakras. Il constitue l'interface directe entre le corps physique et le corps énergétique.

Le chakra couronne détient énergétiquement la vibration nécessaire au bon fonctionnement des sept chakras. C'est là que se trouve l'accès à l'expérience au-delà du physique et là où vous vous sentez connecté à tout ce qui est physique et spirituel. Le sens que quelque chose est beaucoup plus grand que votre moi égoïste y est clair. La conscience de vous-même, des autres personnes, des animaux et même des objets inanimés y est clairement perçue comme une seule et même chose. Le sens de « moi » et de « vous », de « nous » et d'« eux », n'a pas de signification pertinente à ce niveau de conscience.

Préserver l'équilibre du chakra couronne garantit que tous les chakras fournissent un soutien optimal à toutes les glandes endocrines et aux organes qui y sont associés. Le fait de maintenir le chakra couronne ouvert et actif vous assure un corps physique sain afin que vous puissiez garder un corps spirituel sain.

GLANDE PINÉALE ET CHAKRA COURONNE

Un chakra couronne équilibré aide la glande pinéale à produire les hormones qui régulent votre rythme circadien et la sécrétion d'hormones reproductrices. La mélatonine est produite dans la glande pinéale et aide à assurer un sommeil profond et reposant la nuit. La production de mélatonine est stimulée par l'obscurité et inhibée par la lumière. Des capteurs situés dans la rétine envoient des impulsions à la glande pinéale pour réguler les niveaux d'hormones qui, à leur tour, maintiennent des heures de sommeil régulières et vous procurent la sensation du temps qui passe.
La glande pinéale stimule également la sécrétion par l'hypophyse des hormones sexuelles FSH (hormone folliculo-stimulante) et LH (hormone lutéinisante) qui affectent directement le développement des organes reproducteurs. Une glande pinéale en bonne santé assure la maturation sexuelle, le sommeil indispensable à la santé et au bien-être et permet d'avoir conscience du temps qui passe.

Chakra couronne
Ayurveda/Kundalini

POSTURE SAT KRIYA

Étape 1A

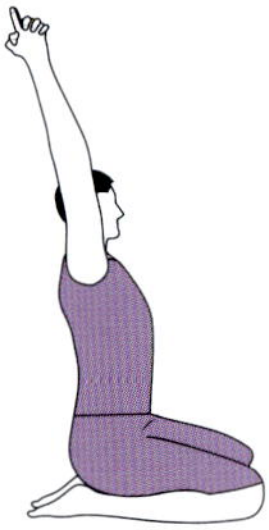

Étape 1B

Entrelacez tous les doigts sauf les index, qui restent tendus. Si vous êtes un homme, mettez le pouce droit sur le gauche ; si vous êtes une femme, le pouce gauche sur le droit.

Le chakra couronne est le troisième centre d'énergie spirituelle du triangle supérieur du flux d'énergie de la kundalini. Comme il s'agit d'un centre énergétique de fréquence plus élevée qui appartient au domaine subtil de l'énergie spirituelle, aucun tattva ayurvédique individuel ne lui est associé. Le chakra couronne est le point où les nadis ayurvédiques se croisent au sommet de la tête. Un chakra couronne ouvert permet une connexion et une union profondes avec toute chose et dynamise les six autres chakras. La pratique de ces postures de kundalini yoga fortifie le chakra couronne. Former le mudra pendant la méditation aide à ouvrir ce chakra.

POSTURE SAT KRIYA

Cette posture profondément spirituelle aide à faire remonter l'énergie de la kundalini dans la colonne vertébrale à travers les sept chakras. Faites-la une seule fois.

1. Agenouillez-vous, vos cuisses se touchant et le dessus de vos pieds à plat sur votre tapis. Asseyez-vous sur vos talons. La colonne vertébrale bien droite, levez les bras tendus au-dessus de la tête, près des oreilles (1A). Mettez vos mains dans la position indiquée en 1B.
2. Les yeux fermés, faites des respirations brèves et rapides. Rentrez votre nombril vers votre colonne vertébrale en disant « Sat » à l'inspiration, puis relâchez le nombril en disant « Nam » à l'expiration. « SatNam » veut dire « La vérité est mon nom ».
3. Trouvez un rythme qui vous convient et tenez cette posture pendant 3 à 11 minutes. Lorsque vous avez terminé, allongez-vous sur votre tapis et détendez-vous pendant 5 minutes.

POSTURE DU DEMI-LOTUS

Pratiquez cette posture une seule fois, en vous concentrant sur le lien entre l'esprit, le corps et l'âme pour obtenir un sentiment de paix et de joie.

1. Asseyez-vous sur votre tapis. Pliez votre jambe droite, placez votre pied droit sur votre cuisse gauche, aussi près de votre hanche que possible. Pliez votre genou gauche et glissez votre pied gauche sous la jambe droite. Placez vos mains comme indiqué ci-contre.
2. Fermez les yeux et respirez longuement et profondément pendant 2 à 3 minutes. Répétez ensuite la pose en inversant la position de vos jambes. Lorsque vous avez terminé, relâchez la pose, allongez-vous sur votre tapis et détendez-vous pendant 5 minutes.

POSTURE DU DEMI-LOTUS

Placez vos mains sur vos genoux, paume vers le haut. Vous pouvez aussi former un gyan mudra (voir page 33) ou les tenir à hauteur de votre poitrine en position de prière.

HAKINA MUDRA

Il est important d'avoir médité en formant les six autres mudras avant de pratiquer celui-ci. Formez ce mudra et pratiquez la méditation pendant au moins 2 à 3 minutes (au maximum 10 minutes).

1. Asseyez-vous les jambes croisées, la colonne vertébrale bien droite. Entrelacez vos doigts, pouce droit sur le gauche et faites se toucher le bout de vos annulaires.
2. En tenant le mudra au-dessus de votre nombril avec vos annulaires pointant vers le haut, concentrez-vous sur votre respiration. Inspirez 5 secondes, retenez votre souffle 5 secondes, puis expirez 5 secondes, en gardant votre ventre relâché. Répétez cet exercice dix fois.

HAKINA MUDRA

Vous pouvez réciter le mantra du chakra couronne ou l'affirmation (voir page 118) tout en formant le mudra.

Chakra couronne
Méditation et mantras

ASTROLOGIE

♌

LION

Un chakra couronne équilibré fournit aux Lions une connexion pure avec le divin qui les aide à tempérer leur ambition effrénée.

Pratiquer la méditation et répéter des mantras concentrés sur le chakra couronne peut ouvrir une connexion puissante avec le divin. Focaliser votre attention sur le sommet de votre tête en regardant vers l'extérieur vous aidera à connaître votre place dans le monde. Placez l'intention sacrée sur votre chakra couronne pour trouver un sentiment de paix et de sérénité.

Pendant que vous méditez, vous pouvez réciter des affirmations à voix haute et vous concentrer sur votre respiration. Il est aussi possible de répéter un mantra dans votre tête pendant quelques minutes tout pratiquant la méditation.

Commencez par respirer longuement et profondément puis visualisez l'énergie qui équilibre les chakras au sommet de votre tête. En utilisant l'œil de votre esprit, « regardez » la couleur violette qui tourne juste au-dessus de votre tête. Laissez cette énergie vous donner la possibilité de faire l'expérience de votre divinité et de vous connecter au but de votre vie.

MANTRA : OM

Om apporte le calme qui permet d'accéder au moi le plus élevé. Méditer en psalmodiant « om » vous aide à vous connecter au divin. Un chakra couronne ouvert et clarifié apporte de la grâce dans votre vie, vous permettant d'être dans l'instant et en paix, sans attachement ni désir.

AFFIRMATION

« Mon chakra couronne est mon septième centre d'énergie et il fonctionne pour me fournir une connexion avec la nature infinie et intemporelle de l'univers.
Il est la source de mon unicité avec le divin et me permet d'avoir un sens magique de l'être. »

Chakra couronne
Alimentation

TEINTURES-MÈRES

La teinture-mère de lavande soutient le chakra couronne et peut aider à ralentir l'esprit et vous permettre de recevoir les conseils divins de l'univers.

Le chakra couronne est très énergisé et est davantage nourri par l'attention que vous portez lorsque vous mangez que par un aliment particulier. Le fait de bénir la nourriture avant de manger et de manger consciemment avec gratitude crée un état d'esprit équilibré. Ajouter de l'intention et de la gratitude pendant que vous mangez soutient le chakra couronne et facilite la connexion avec le divin.

Voici quelques suggestions pour une santé et une vitalité optimales du chakra couronne :

Jeûne/purification de l'air

Encens/inhalations : sauge, genévrier, copal, myrrhe, encens

Remarque : l'encens et les herbes à diffuser ne doivent pas être consommés, mais sont inhalés rituellement par les narines.

Choisissez une ou plusieurs des herbes qui équilibrent le chakra couronne et faites-les infuser avec l'intention sacrée de soutenir votre connexion avec l'univers. Ces infusions élèvent votre vibration afin que vous vous sentiez un avec tous, et en paix avec vous-même et le monde.

- Sureau
- Racine d'angélique
- Sauge blanche (à gauche)

Chakra couronne
Reiki

Étape 1

Étape 2

L'énergie subtile du reiki est bénéfique pour équilibrer le chakra couronne. En concentrant votre attention sur l'éclat de votre lumière intérieure, de source divine, vous devenez invincible, inspirant et vous vous transformez en une force sacrée dans le monde.
Pratiquez la méditation du chakra couronne (voir page 118) et visualisez l'énergie vitale universelle reiki qui circule lorsque vous tenez ces positions des mains. Vous pouvez pratiquer le reiki assis bien droit sur une chaise, les pieds à plat sur le sol.

1. Fermez les yeux et formez une coupe avec vos mains. Passez vos mains sur vos yeux. Du bout des doigts, appuyez légèrement sur le haut de votre front.
2. Fermez les yeux et formez une coupe avec vos mains. Passez vos mains sur vos tempes et vos oreilles. Du bout des doigts, appuyez légèrement sur le haut de votre tête.

Maintenez chaque position des mains et pratiquez la méditation pendant 2 à 3 minutes. Commencez par respirer longuement et profondément en visualisant l'énergie vitale universelle reiki qui s'écoule de la paume de vos mains vers le haut de votre tête.
Visualisez la couleur violette qui tourne au sommet de votre tête, au sommet de votre crâne. C'est votre point de connexion avec le divin. C'est là que naît votre capacité à faire l'expérience de l'unicité avec le tout. Laissez cette énergie faciliter l'expérience de votre propre divinité et de votre connexion avec l'univers.

HUILES ESSENTIELLES

La douceur céleste et la richesse des parfums d'orange et de rose dépassent votre odorat lorsque vous faites l'expérience de la magnificence d'être en vie. Mélangez 1 à 2 gouttes d'une ou plusieurs de ces huiles essentielles avec 5 à 6 gouttes d'huile de coco. Frottez la plante des pieds, la nuque, ou la zone correspondant au chakra avec ce mélange.

- Encens
- Lotus
- Palissandre
- Jasmin
- Rose (à gauche)
- Néroli

Chakra couronne
Cristaux

CHROMOTHÉRAPIE

VIOLET

La fréquence de la couleur violette est en harmonie avec la fréquence du chakra couronne. Fixer une lumière ou un objet violet pourra l'influencer.
Le violet représente la connexion spirituelle et l'unicité avec le tout.

La fréquence et la résonance des cristaux du chakra couronne ouvrent et maintiennent l'esprit. C'est le chakra de la pureté, de la félicité et de la joie. La résonance énergétique du si (note de musique) et la couleur violette améliorent les fréquences des cristaux du chakra couronne. Il peut être influencé par les fréquences énergétiques de ces cristaux :

- Quartz clair
- Sélénite
- Diamant de Herkimer
- Apophyllite claire

Faites vos choix parmi ces cristaux pour équilibrer votre chakra couronne. Tenez simplement le cristal dans votre main gauche. Pratiquez la méditation du chakra couronne (voir page 118) pendant 3 à 5 minutes pour envoyer l'énergie de rétablissement du cristal jusqu'au chakra couronne. Pendant vos méditations, visualisez la couleur violette et écoutez de la musique enregistrée ou des vidéos qui aident à l'équilibrer.

THÉRAPIE PAR LE SON

SI

Des bols en cristal, des bols chantants, des diapasons et des gongs accordés en si peuvent être employés en même temps que les cristaux pour équilibrer le chakra couronne. La note si contribue à créer un sentiment de paix et de profond bien-être.

CI-DESSUS (DE HAUT EN BAS) : L'apophyllite claire, le diamant de Hermiker et la sélénite sont des cristaux associés à l'équilibre et au déblocage du chakra couronne. Pour déterminer ceux qui vous conviennent le mieux, essayez-en plusieurs et faites confiance à votre intuition.

Index

Crédits

Quarto tient à remercier les personnes qui suivent pour les images reproduites dans ce livre :

h en haut ; b en bas ; g à gauche ; d à droite ; c au centre

shutterstock.com : p. 1 Zanna Art ; p. 2 Chris002 ; p. 3, 9, 27 Trish Volt ; p. 5 Zanna Art ; p. 7 Asmiana ; p. 8 Chris002 ; p. 10 Yellowj ; p. 12, 13 Zanna Art ; p. 15 Kite_rin ; p. 16 Cornelia Pithart ; p. 17 irin-k ; p. 19 Romolo Tavani ; p. 20 Serg64 ; p. 21 gresei ; p. 22 New Africa ; p. 23 wavebreakmedia ; p. 24 Reid Dalland ; p. 25 luckyraccoon ; p. 26 An Vino ; p. 29, 43, 57, 71, 85, 99, 113 BigMouse ; p. 31 Byjeng ; p. 35 jonnysek-jiri ; p. 37 Sergii Tverdokhlibov ; p. 39 StockImageFactory.com ; p. 40 Albert Russ ; p. 41h Nik Merkulov ; p. 41c Coldmoon Photoproject ; p. 41 b Africa Studio ; p. 45 Monkey Business Images ; p. 49 Holger Graebner ; p. 51 Maya Kruchankova ; p. 53 Madeleine Steinbach ; p. 54, 55 h Coldmoon Photoproject ; p. 55 c Reika ; p. 55 b vvoe ; p. 59 Nenad Aksic ; p. 63 gornjak ; p. 65 Shustikova Inessa ; p. 67 White bear studio ; p. 68 Nastya22 ; p. 69 h, 69 b vvoe ; p. 69 c Roy Palmer ; p. 73 mimagephotography ; p. 77 matthew25 ; p.V79 Fortyforks ; p. 81 ulrich22 ; p. 82 kongsky ; p. 83h Roy Palmer ; p. 83 c vvoe ; p. 83 b Richard Peterson ; p. 87 mimagephotographie ; p. 91 Dmitry Polonskiy ; p. 93 PhuShutter ; p. 95 Tatyana Vyc ; p. 96 Nastya22 ; p. 97 h, 97 b J. Palys ; p. 97 c Alexander Hoffmann ; p. 101 Antonio Guillem ; p. 105 guteksk7 ; p. 107 CoralAntlerCreative ; p. 109 Melica ; p. 110 Albert Russ ; p. 111 h Coldmoon Photoproject ; p. 111 c Dafinchi ; p. 111 b olpo ; p. 115 Stock-Asso ; p. 119 Praew stock ; p. 121 Insolite ; p. 123 gowithstock ; p. 124 bjphotographs ; p. 125 h Nastya22 ; p. 125 c Bjoern Wylezich ; p. 125 b Tamara Kulikova.

Toutes les autres photographies et illustrations sont la propriété de Quarto Publishing plc. Bien que tous les efforts aient été faits pour créditer les contributeurs, Quarto voudrait s'excuser pour toute omission ou erreur – et sera heureux d'apporter les corrections nécessaires dans les futures éditions de cet ouvrage.

REMERCIEMENTS

La myriade de systèmes qui influencent et sont influencés par les chakras souligne clairement le rôle que ces centres d'énergie jouent activement dans notre vie. Les chakras forment littéralement l'épine dorsale de notre bien-être. L'écriture de ce livre m'a permis d'apprécier plus profondément le monde dans lequel nous vivons.

J'aimerais vous remercier, vous, lecteur, d'avoir adopté une approche proactive de votre bien-être.

Une fois de plus, j'aimerais remercier l'équipe de publication qui m'a apporté le soutien nécessaire pour présenter simplement et élégamment ce sujet complexe. Félicitations à l'équipe pour son expertise et son professionnalisme.

Enfin, un grand merci à mon mari, Steven, qui crée l'espace nécessaire pour que je puisse poursuivre mes recherches pour le bien-être et partager mes connaissances avec les autres.